中小企業の財務の強化書

B/S、P/Lを知らない社長と幹部が会社を潰す!?

税理士法人 古田土会計
代表社員 公認会計士 古田土 満
取締役/税理士 川名 徹

はじめに

「決算書が読めるようになる」とか、「○時間で分かる簿記・会計」といった書籍は数多く出ています。しかし、その多くはただ単に「分かる」ことだけを目的にした本です。確かに、これらの本を辛抱強く読めば、少しは決算書が読めたり簿記や会計のことが分かった気になったりするかもしれません。

しかし、決算書が読めて簿記・会計が分かる人が、現場でその知識を活用し成果を出しているかというと「否」です。ほとんどの人が知識を勉強しただけで終わってしまいます。そして、「決算書」や「財務諸表」に書かれた数字は肝心の会社経営に何も活用されません。

その理由は私が思うに、一般の「決算書」が経営の現場で役に立つ「道具」になっていないからです。多くの経営者は年に1度の決算書を、決算後しばらくしてから目にします。しかし、現場から上がってくる経営の数字は、毎月その場で見ていかないと実態がつかめず、ひとたび何かあれば手遅れになります。決算後しばらくしてから見るのでは遅いのです。

本来、会計事務所はそうならないように経営者をサポートする立場にあります。現場の数字が何を意味するか、そこから浮かび上がってくる経営課題などを、お客様である経営者に毎月知らしめ、その会社の経営をサポートすべきです。ところが多くの会計事務所は「決算書と申告書を作成することが仕事」だと考えているため、お客様の会社経営にはあまり興味がありません。サポートしているところでも、毎月提供するのは「残高試算表」と多少のアドバイスくらいでしょう。

残高試算表というのは、いわば決算書に含まれる「貸借対照表」（B／S）と「損益計算書」（P／L）を正確につくるためのものです。「正しくつくること」が最優先の書類であり、「分かりやすく」はほぼ無視されたつくりになっています。経営者の皆さんは毎月これを渡されても、よほどの達人でもなければ読み解けません。残高試算表というツールの目的はあくまでも「正しく決算をすること」にあります。いわゆる「財務会計」のための書類なのです。「財務会計」とは極論すると、「1円も間違いなく正しく決算をするための会計」です。

もし、あなたがP／LやB／Sなどに示される数字を日々の会社のかじ取りに役立てたいのなら、残高試算表を誰でもひと目で本質を読み取れるものにつくり替えて経営に生かす必要があります。いわゆる「管理会計」の手法が必要なのです。

本書は、この管理会計のための様々な工夫やノウハウを徹底的に分かりやすく解説しています。読み終えた暁にはB／S、P／L、そしてC／F（キャッシュフロー計算書）を経営課題を解決するツールとして使い、管理会計が自在にできるようになるのです。

序章では、管理会計に必要な「三種の神器」、P／L、B／S、C／Fがどういうものなのか、これらをどのように活用していけばいいのか概略が分かるように解説します。

第1章では「儲け」を上げるための最重要ツールであるP／Lについて詳しく見ていきます。肝となるのは「変動損益計算書」(変動P／L）の考え方です。これを理解すれば、儲けの本質が見えてきます。

第2章では一般に難しいと言われるB／Sの理解を深めます。実は、経営者が最も見なくてはいけないものがB／Sなのです。B／Sはリスクに強い強靭な財務体質と利益の出やすい高収益体質をつくり上げるための要です。

そして第3章では、資金繰りに欠かせないC／Fについて学びます。B／S以上に理解が進んでいないC／Fについて、会計の素人でもお金の流れを説明できるようになります。

私の42年間の実務経験、3000社以上の中小企業経営をつぶさに見てきた経験から言えば、多くの中小企業の経営者や幹部は、会社の数字を活用した「お金の儲け方」と「お金の残し方」を知りません。これは誰からも教えてもらっていないからです。世の多くの会計事務所も経営コンサルタントも、その本質を理解していないので教えようがないのです。

本書には、会社の数字を使ったお金の儲け方と残し方についてのノウハウをふんだんに詰め込みました。本書を読めば、真の管理会計が分かるようになります。会社の数字をどのように読んで、何をすればいいのかが身に付くはずです。ぜひ本書を読み込み、ここに書かれた知見やノウハウを自家薬籠中のものにしてください。そして、日々の経営の中で駆使し実践してください。その結果として、会社のために働いてくれている社員とその家族を幸せにする経営者が、1人でも多く生まれてくれることが私の願いです。

本書の内容は、中小企業経営者のための月刊誌『日経トップリーダー』上の私の連載「高収益体質エクササイズ」と、弊社役員で税理士である川名徹氏が日経トップリーダーで講演したり記事で掲載したものを見直し、新たな知見を加えてまとめたものです。

ぜひ、経営の現場でお役立ていただければ幸いです。

古田土　満

目次

第2章 「B／Sを読む」経営の真髄

第3章

序章

強い会社にするための三種の神器とは

数字を活用して
「お金を儲ける」「お金を残す」ための会計には
必須のツールがあります。
まずは「三種の神器」を手に入れましょう。

Q01

損益計算書（P／L）や
貸借対照表（B／S）については、
毎年決算をしているので
分かっているつもりです。
年に1度、提出して会社の業績を示すもの
という認識です。間違っていますか？

熱血会計士の回答

間違っています。損益計算書(P/L)や貸借対照表(B/S)は財務会計のルールでは年に1回出すものですが、儲けるための会計、お金を残すための会計では毎月出さなければなりません。そして、繰り返し数字を見ることが数字に強くなるコツです。

P/L、B/S、そしてキャッシュフロー計算書(C/F)を財務3表と呼びます。財務3表に対する皆さんの認識は「年に1度の決算時に苦労してまとめ、税務署や株主に対して報告するもの」というものかもしれません。しかし、これらは会社の状況を明確に示してくれる経営ツールです。決算時に出すだけで満足するものでは決してありません。

財務3表を出すのはなぜか?

中小企業では、年度の終わりにP/LとB/Sの2つをまとめて決算を終える会社が多いと思います(C/Fの作成は中小企業には義務付けられていないためほとんどの会社が出さない)。そして、多くの人が次の決算まであらためてP/LとB/Sを精緻に見直すことをしていません。ましてC/Fは誰も見ていないでしょう。

これからは、財務3表に対するこうした態度を全面的に見直していただきたいのです。P／LとB／S、C／Fの3表は、会社のかじ取りをするために、日々省みて軌道修正をしたり対策を打ったりするための大事な評価ツールです。この3表なしに日々の経営など絶対にできません。もしそういう経営者がいるとしたら経営者失格だと断言します。3表にはそれぞれ明確な役割があります。フル活用するには、それぞれの役割をしっかり理解する必要があります。

私は、たとえを使って、P／Lとは会社の「運動能力表」、B／Sとは「健康診断書」、C／Fは「血流検査表」だと言っています。以下、それぞれを少し詳しく見ていきましょう。

損益計算書（P／L）が「運動能力表」であるのはなぜ？

まず比較的簡単なP／Lからです。損益計算書を英語で言うと「Income Statement」とか「Profit and Loss Statement」などと言います。P／Lというのは後者の略です。

そもそもP／Lとは、**ある期間における売上高と費用、利益の関係を示すもの**です。決算時には、1年間の売上高と費用（売上原価や販管費＝販売管理費）、そして売上高から費用総計を差し引いて利益（費用のほうが売上高より大きければ損失）を出します。事業成績を示し、その能力を示すものです。

　私はこのP／Lを「運動能力表」にたとえています。陸上競技の幅跳びや高跳びを頭に描いていただくと分かりやすいかと思います。P／Lの売上高は、どれだけ遠く（高く）に飛んだかを示します。費用（総計）は飛ぶためにどれだけエネルギーを蓄えたかです。つまり、投下したエネルギーと、遠く（高く）飛ぶ能力を併せて示すものがP／Lです。

　多くの経営者は、P／Lのことはよく分かっていると思っているはずです。実際、売上

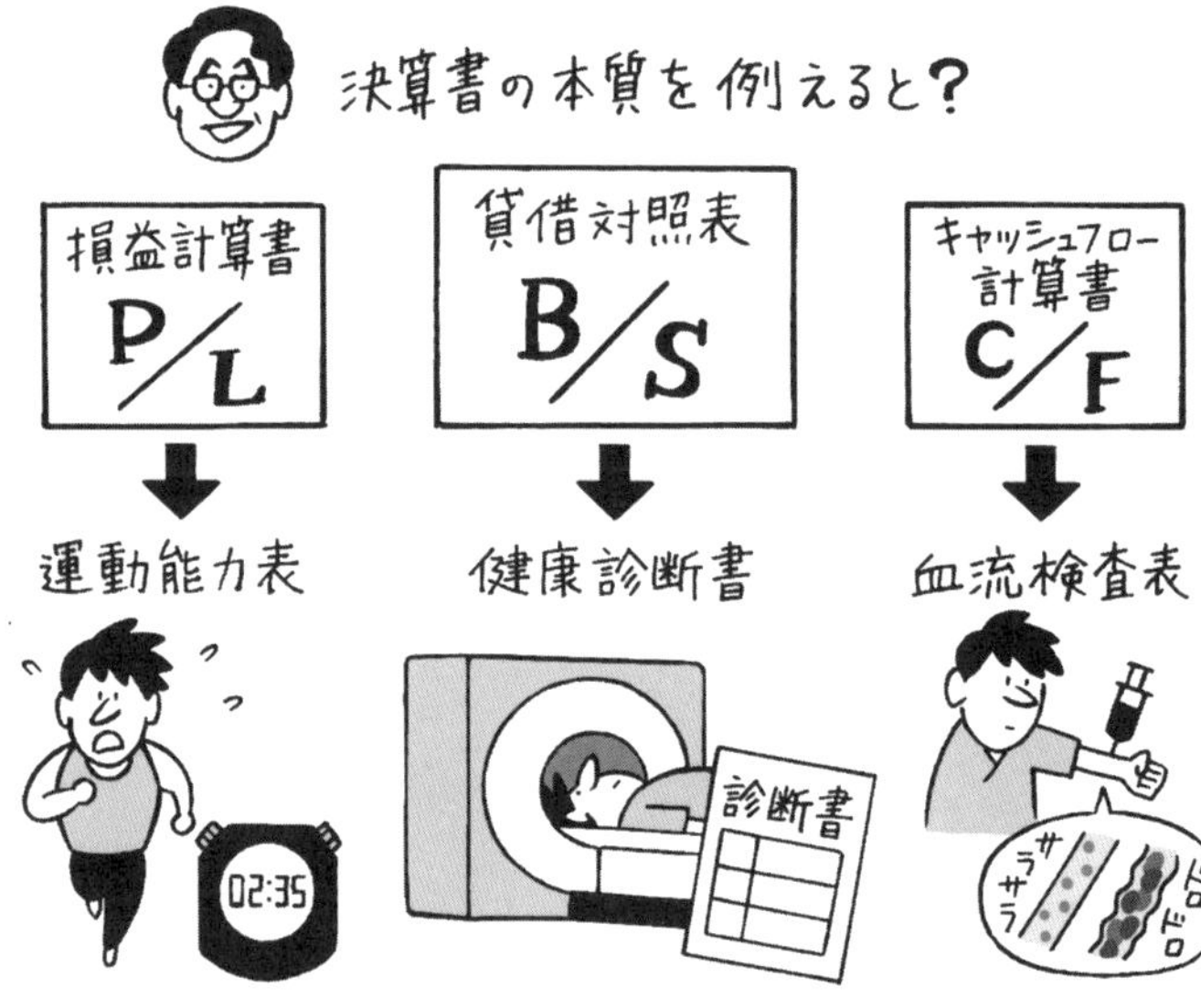

高と費用をコントロールするためのものと考えれば確かにそれほど難しくはありません。しかし、詳しくは次章で示しますが、私に言わせればP／Lの本質を理解している人はほとんどいません。まして、経営ツールとして正しく活用できている人はほぼゼロでしょう。

本来、P／Lからは「損益分岐点比率」や「粗利益率」「生産性」「労働分配率」などの重要な指標をすぐに計算できるようにして、それをチェックしなければ正しく使えているとは言えません。そのためには、費用を大まかに「変動費」と「固定費」に分類する必要があります。この作業を「固変分解」と言います。こうすることで、普通のP／Lが優れた経営ツールに変身します。これができて初めてP／Lの本質を理解していると言えるのです。

貸借対照表（B／S）の目的は、「会社の健康状態を知ること」

P／Lが「運動能力表」なら、B／Sは「会社の財務状態を知るための健康診断書」です。P／Lの目的は利益を上げることですが、B／Sの目的はもっと長期的なものです。つまり、**自分の会社を長期的に高収益体質にし、絶対に潰れない盤石な財務体質にするためのツール**がB／Sなのです。

強い財務体質への改善を目指すならB／Sの理解と活用が何よりも大切です。すなわち中小企業の経営者がB／Sを見る目的は、会社の財務状態を知って、悪いところがあれば直し、いいところがあればそれを伸ばす、ということになります。B／Sを受け取る社外の第三者にとっての目的は、「その会社の財務状態を判断すること」です。

B／Sからは会社の財務状態、健康状態が分かります。

第2章（131～200ページ）で詳述しますが、B／Sとは、「会社の財産と借金のリスト」です。どんな財産が会社の中にあって、それを自分のお金で買ったか借金で買ったかが分かるのです。だから財務状況という会社の健康状態が分かります。さらに借金の残額がどれくらいあり、手元の現預金がどれくらいあるかも分かります。

このようにB／Sには「現預金」や「支払手形」「買掛金」などの「信用債務」、短期・長期の借入金などの「金融債務」など、様々な数字が記載されていて会社の状態が正確に判断できます。また、B／Sから計算できる「自己資本比率」、そして、「金融債務」に対する「現預金」の額といった各種指標からもいろいろなことが読み取れます。

私はお客様である経営者の皆さんに対して常々、「B／Sを読む経営」をお勧めしていますが、その中でも特に重視しているのが「自己資本比率」を上げること。そして、手元の現預金を増やしていくことです。自己資本比率を上げると借入金は減り無借金に近づきます。

キャッシュフロー計算書（C／F）は「血流検査表」である

C／Fをひと言で言うと、会社の「血流検査表」です。会社の血液に相当するのは手元のキャッシュ、すなわち「現預金」です。そして、会社の血液である「現預金」の増減について正しく把握し、**会社が資金繰りに詰まらないようにするための経営ツール**がC／Fです。

収支の観点からはP／Lが、財務の観点からはB／Sが重要ですが、資金繰りの観点から見るととりわけC／Fが重要です。なぜならC／Fはその時点における現預金の残高とその流れを示すものだからです。

C／Fは独立した表というよりも、B／Sの付表と位置づけられるものです。B／Sに記載されている「現預金」にフォーカスして、その出入りが何によるかを3つの項目に整理したものです。詳しくは第3章で詳述しますが（201～228ページ）、3つの項目とは、（1）事業による現預金の出入り、（2）設備投資や有価証券などへの投資による現預金の出入り、（3）借り入れやその返済による現預金の出入り、です。

Ｃ／Ｆを見ると、なぜ現預金が増減しているかの理由と残高が明確になります。このため来月、再来月の予測ができ、資金の手当てが容易になります。

ほとんどの中小企業では、毎月のＣ／Ｆを作成していません。昨今の経理ソフトや経理システムではＣ／Ｆの作成はできるのですが、そもそも毎月見るという意識がないために出していないのです。

たとえ毎月Ｃ／Ｆを見ているという経営者でも、キャッシュの流れまでを正しく読み解けている人はごく少数です。経理部門や会計事務所もほとんどの場合、Ｃ／Ｆの本質を理解していないために、経営者にポイントを説明できません。

収支は黒字でも、手形や買掛金の支払い、借入金の返済ができなければ会社は倒産してしまいます。これを防ぐには、Ｃ／Ｆを毎月精査することによって正しい資金繰りをする必要があります。

財務体質が良く、資金が十分にある会社は資金繰り表を作っていません。しかし、儲かった利益がどこに消えたかをＣ／Ｆをつくって把握しなければ正しい経営はできません。

Q02

会社の業績は、
どうすれば
正しく把握できますか?

熱血会計士の回答

会社の業績を把握するために最適のツールがいわゆる財務3表です。財務諸表とも言います。

(1)損益計算書(P/L)

(2)貸借対照表(B/S)

(3)キャッシュフロー計算書(C/F)

この3つは、経営のかじ取りに不可欠ないわば「三種の神器」です。

一般に、これらの財務諸表は会計年度末に税務申告のためにつくると思っている人が多いのですが、それだけではありません。期中、毎月、この3つの資料がどうなっているかを見ることでいろいろな手を打つことができます。

月次の損益計算書(月次P/L)、期首から当月までの貸借対照表(月次B/S)、月次のキャッシュフロー決算書(月次C/F)の3つ、つまり月次決算書を毎月チェックするわけです。これによって、自分の会社の事業や財務体質などを、ほぼリアルタイムで把握して、その状況に応じて打つべき対策を打っていくのです。

こうしたやり方が「管理会計」と言われるものです。会社の会計状況をほぼリアルタイムで把握・管理して、経営のかじ取りをするわけですから管理会計と呼ばれます。

これに対して、会計年度の最後に、つまり、年度末に1年間の事業成績や年度末時点での資産状況などをP／L、B／S、C／Fという3つの書類（財務3表）にまとめて取締役会などで報告し、世間に対して公表し、税務署にも申告するやり方を「財務会計」と呼びます。主目的は税務申告であり、株主への報告です。

多くの成長している中小企業に共通しているのは、期中の管理会計がきちんとできているることです。逆に、成長できていない中小企業ではこの管理会計ができていないところが多いのです。

「残高試算表」を見ても複雑すぎて分からない

本来なら、毎月の「残高試算表」に記載された数字をきちんと見て、どのような状況になっているかを把握できていれば、「今どこに手を打てば、利益を出せるか、もしくは損失を防げるか」はすぐに分かるはずです。様々な経営の数字が記載されている「残高試算表」は、会社で使っている会計システムや会計ソフトですぐに出すことができますし、経理に言えばすぐに手に入るはずです。「管理会計ってそんなに難しいこと？」と思うかもしれません。

しかし、この残高試算表は、様々な数字が事細かに並んでいるもので、会計のプロでなければ容易に読み取ることはできません。会計が苦手な人だと、見るのもイヤだというような代物です。会計のプロでもない限り、残高試算表から本質を見抜けるのは、一握りの経営の達人だけでしょう。

では、達人ではない普通の人は、どうすればいいのでしょうか。

答えは簡単です。「月次決算書」を作ればいいのです。

毎月、決算書を出すと言うと、「年に1回だけでも大変なのに毎月決算なんて」と身構える人がいますが、そんなに難しいことではありません。

最低限必要なのは、「月次P／L」「月次B／S」の2つ。月次B／Sの付表としての月次C／Fが加われば万全です。月次P／Lについては期首からの推移で表示します。月次B／Sと月次C／Fは、毎月の単月分と期首から当月まで累計分をそろえてください。

厳密なものでなくていい、傾向が分かるものを出す

「月次決算書を用意してください」と言うと、「そもそも毎月の費用や在庫が締められないので、月次決算書をタイムリーに出すことができない」という意見が出てきます。

確かに、中小企業で月次残高試算表を出しているところは、私の経験上、おそらく半分ほどしかありません。それも該当月のものではなく、2カ月前のものがせいぜいです。タイムリーに月次決算書まで出している中小企業はごく稀なのも事実です。

しかし、月次決算書は厳密なものである必要はありません。傾向が分かればいいのです。年に1度の申告用決算書との違いはここです。月次の場合は、正確にしようと頑張ってはいけません。あくまでも経営のかじ取りに必要なものであり、今、会社とその事業がどうなっているか、傾向を見るためのツールとして割り切ります。

年に1度の決算書は「財務会計」で使う公式書類であり、税務署にも提出しますから厳密に正しいものが必要です。これに対して、月次決算書はあくまでも内部資料なのです。

月次決算書は翌月15日までに出すことを目標にします。15日までに出せれば当月の損益が予想でき、いろいろな手が打てます。私たちのお客様の中には翌月3日には月次決算書を出している意識の高い会社もあります。

古田土会計では、直感的に数字が把握できるグラフや図を多用した「月次決算書」を作成しています（巻末資料 234～239ページ）。そこまでできれば、数字の本質がひと目で分かるようになります。

第1章

月次P／Lを経営判断に使いこなす

管理会計のＰ／Ｌは
「お金を儲けるための会計」の道具です。
どこに対策を打てば利益が出るのかを理解し、
収益性を上げていきましょう。

Q03

損益計算書（P／L）は、
どこを見ればいいのでしょうか？
項目がたくさんあり、
実は見方がよく分かりません。

A 熱血会計士の回答

毎年度末の決算のときにつくる損益計算書（P／L）には数多くの項目があり、どこから見ればいいか迷ってしまいます。会計のプロや経営の達人は別として、そこから経営状態を把握することはなかなか難しいものです。

これについて、私の答えは明確です。

損益計算書（P／L）の数字をグループ化して組み換え、簡略化した「変動損益計算書」（変動P／L）というものがあります。これを使いましょうというのが答えです。そうすれば、誰でもすぐに経営や事業の状態が見て取れるようになります。

変動P／Lとは経営ツールである

変動P／Lは、様々な費用を大きく2つのグループに分けて、収益の傾向を簡単に把握できるようにした経営ツールです。外部に提出する必要はなく、あくまでも会社の事業の状態をチェックするための内部資料と考えれば分かりやすいと思います。

月々は変動P／Lに組み換えて数字を確認し、決算では外部報告用の財務会計のルールに則ってP／Lをつくるのです。

詳しく見ていきましょう。

変動P／Lとは、費用を「変動費」と「固定費」の2グループに分けて、

売上高－変動費＝粗利益額（粗利）

粗利－固定費＝経常利益

と表したものです。変動費は売り上げに連動して増減する費用、固定費は売り上げがゼロでも発生する費用です。

下に示すイラストを参照してもらえれば直感的に把握できると思います。

言うまでもなく、年に1回の決算書の結果を見ても、現時点での対策は打てません。変動P／Lは、まず毎月、できるだけ早く月次決算書または残高試算表を出すことが前提となります。そして、そこから以下に説明する

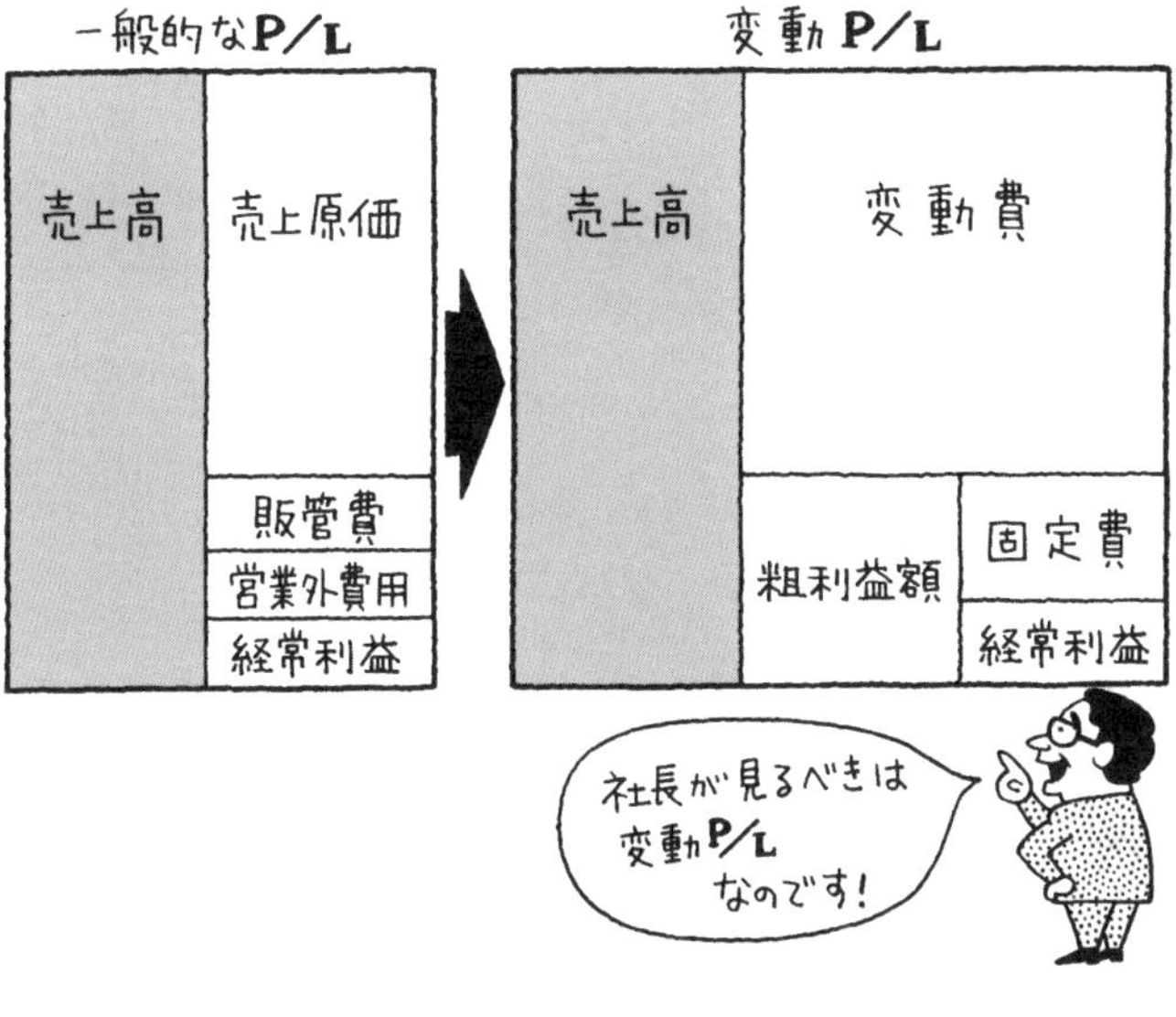

手順で、月々の変動P／Lに組み換えるのです（巻末資料　235ページ参照）。

変動P／Lは、経営者であれば経理部門に手順を指示して出してもらえばいいでしょう。自分で月次損益計算書（P／L）から算出することもそう難しくありません。

粗利益と固定費を把握すればつくれる

粗利益率（または限界利益率）と月々の固定費の2つが分かれば、変動P／Lはすぐにつくれます。

一般的な会社では、粗利益率と固定費はほとんど毎月ぶれません。

粗利益率は、売上高から変動費を差し引いた粗利額を売上高で割ったものをパーセントで示したものです（変動費率＋粗利益率＝100％）。月々の固定費は、計画した金額とほぼ変わらないでしょう。

まず、一般的なP／Lの費用の勘定科目を、変動費と固定費に分けます。

小売業や卸売業、サービス業では、P／Lの勘定科目で売上原価＝変動費、その他の費用＝固定費と捉えるだけで結構です。

月次の変動P/Lの作成と活用

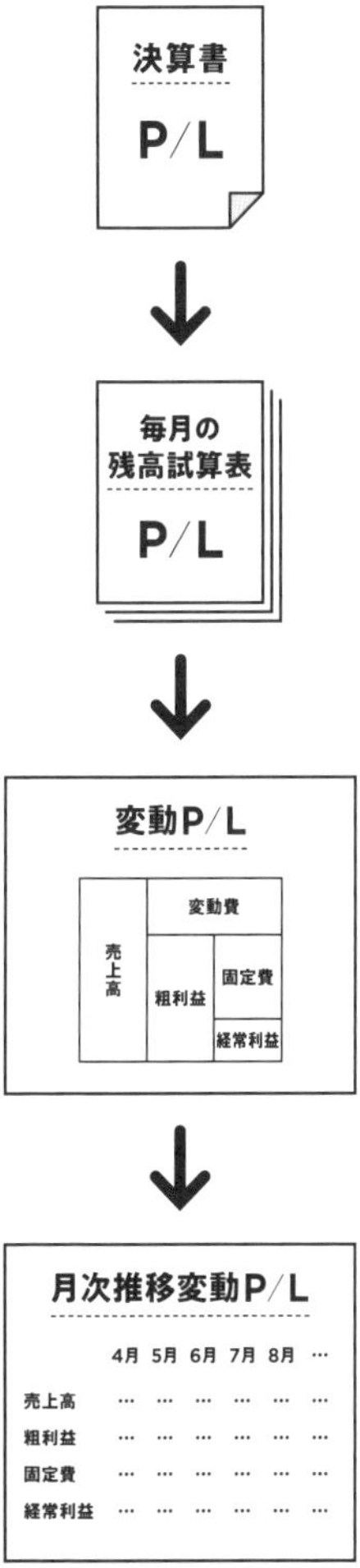

★P/Lは毎月この形で見る

1年に1回の決算書で結果を見ているだけでは対策が打てない

まずは毎月できるだけ早く残高試算表を出す努力をする（翌月15日が目標）
しかし、残高試算表は財務会計のルールで作られているため経営判断がしづらい

費用を変動費と固定費に分け「変動P/L」に組み換える。
売上高、変動費、粗利益額、固定費、経常利益の関係性を把握する。

変動P/Lの数字を単月で見るだけではなく、月々横に並べて一表にまとめ、期首から当月までの数字を推移で比較し、チェックする。
固定費はならして月々に均等に割り振る

Ｐ／Ｌの勘定科目からの組み換えが必要になってくるのは製造業や建設業など、製造原価の中に変動費と固定費が混じる業種・業態です。

これらの業種では、変動費とすべき勘定科目は、実は3つだけです。
（1）商品仕入、（2）材料費、（3）外注加工費がこれに当たります。
月次変動Ｐ／Ｌはあくまでも分析ツールですから「この科目の中には変動的な要素も一部ある」などと、変動費と固定費を細かく分類する必要はありません。「これ以外はすべて固定費」などと大まかに割り切ります。経営に生かせるように、分かりやすい数字の捉え方をすることが大切です。

売上高に比例して増える費用は変動費、売上高に関係なく毎月かかる費用が固定費と分ければいいのです。

なお、人件費は固定費です。特に残業代や賞与などを変動費だと誤解している人もいますので注意しましょう。

確かに繁忙期は、社員も忙しくなるため残業代が増える傾向にあります。そのため、残業代を変動費に入れたがる人もいますが、残業代は売上高と直接的に連動して増減するわけではありません。人件費はまとめてすべて固定費にしたほうが分かりやすいのです。

賞与についても同様です。業績に連動させるのが本来の賞与のあり方なので、これも変動費に入れたがる人がいますが、やはり固定費に入れます。近年の年2回の賞与の合計額を算出して、これも12等分し、1カ月分の賞与として毎月の引当金として計上し、固定費にカウントしましょう。

変動P／Lは横の推移で見る

数字は比較しないと変化に気づけません。変動P／Lに組み換えたら、当月分の数字だけを見るのではなく、期首から当月まで毎月分の数字を横に並べて表示します。これを月次推移変動損益計算書（月次推移変動P／L）と言います。月々の各科目の数字を比較しながら見ることで、より深く数字の変化を把握することができます（巻末資料 236〜237ページ参照）。

月次推移変動P／Lからは様々な重要指標もすぐに分かります。

電卓があれば、**粗利益率＝粗利益額÷売上高**（％）、**損益分岐点比率＝固定費÷粗利**（％）、**生産性＝粗利÷固定費**、**売上高経常利益率＝経常利益÷売上高**といった、重要な経営指標が毎月すぐに計算できるのです。

1円単位で管理しなくてはいけない経理部門とは違い、経営者は大きな数字を捉えなくてはいけません。経営の数字なので、中小企業では損益は円単位ではなく千円単位で見ます。見やすいこと、分かりやすいことが大事です。

まずは毎月の数字を月次変動P／L、そして月次推移変動P／Lに組み換えて、これを毎月チェックしながら、目標の粗利と経常利益になるように経営のかじ取りをしてください。

Q04

毎月、月次決算をして経営管理をするのは理想ですが当社では難しいです。変動費と固定費を毎月出すような時間もありません。

熱血会計士の回答

私は初めてお会いした経営者には、必ず「月次決算」をお勧めしています。「経営のかじを取るために、毎月、損益計算書（P／L）や貸借対照表（B／S）、キャッシュフロー計算書（C／F）を出して月次決算をしましょう。まずは毎月の固定費と変動費を出して……」などと勧めるのです。

なぜ売上原価（製造原価）と販管費（販売管理費）ではなく、変動費と固定費に分けるべきかというと、ほとんどの会社では当月の売上高や利益しか見ていないからです。経営に必要な情報は、売上高の増減や粗利益率の増減により経常利益がいくら増減するか、何％増減するかなのです。

しかし、ほとんどの人は眉間にしわを寄せ、「無理です」と首を振ります。「年に1度の決算でも大変なのに、月次で決算なんてとんでもない」。実際にこう思っている人が多いのではないでしょうか。

月次決算書類は概算で十分

確かに、年に1度の決算のときにつくる損益計算書（P／L）や貸借対照表（B／S）には正確さが必要です。間違いは1円たりとも許されません。

しかし、月次決算で出すべき月次P／Lや月次B／Sにそれほどの厳密性は不要です。本質を外さずに傾向が正しくつかめればそれでいいのです。作成すること自体も難しくはありません。

経営のかじ取りをするために、いま事業がどうなっているのかを見るのが月次P／L、会社の財務状況はどうなっているかを把握するのが月次B／S、さらに手元にある現預金とその出入りがどうなっているかを知るのが月次C／Fです。

どれも大きな傾向をつかむ「分析ツール」であり、とにかく素早く出すことが大事です。概算でも構いません。このように割り切れば、つくるのに構える必要はありません。実際に会計ソフト（会計システム）を使っていれば簡単です。

月次P／L、月次B／S、月次C／Fの3つは税務署や銀行に見せる必要はありません。極論を言えば、社長あるいは経営幹部が読めればいいものです。

ほとんどの会社で使われている会計ソフトや会計システムには、「月次残高試算表」を出す機能が必ず付いています。3つの月次決算書類はここから簡単に取り出せます。

経営者は経理部門や、会計を任せている会計事務所に「出してください」と依頼するだけです。

月次P／Lは5項目に整理する

ただ、月次P／Lの出し方については、ちょっとした注意が必要です。

前節でも説明しましたが、月次P／Lは、費用を「変動費」と「固定費」に整理し直した「変動損益計算書」（変動P／L）の形にする必要があります。

一般的なP／Lをシンプルな変動P／Lの形にして、「売上高」「変動費」「粗利」「固定費」「経常利益」の5つの項目で整理してみることで、事業の状態がどうなっているかがすぐに見て取れるのです。重要な経営指標もここか

らすぐに計算できます。まさに毎月行う「管理会計」には不可欠のツールです。

費用を「変動費」と「固定費」に二分するところで多くの人がつまずいてしまいます。しかし、ここにもポイントがあるのです。

変動費を先に決め、固定費を「ならす」

まず変動費を先に決めます。そして残りの経費をすべて固定費にします。分け方はおおざっぱでよいのです。同じ基準で比較したり、計画をつくれば経営の役に立ちます。

次に、固定費は「ならす」ことを考えます。

つまり、発生する費用（固定費）を、いちいち該当月の変動P／Lに反映させるのではなく、過去1年間の全固定費を12カ月に均等に割り振ると考えるのです。

間違えやすいのは「賞与」や、設備・車両などの「減価償却費」です。これらは過去1年間の総額を12で割って1カ月分にならします。また細かいことですが、社会保険料の会社負担分は、月末が休日のために引き落とされず次の月の引き落としになったとしても、該当月分になるように未払い計上して毎月均等にします。

「変動費」のほうは、主に「材料費」「商品仕入」「外注加工費」の3つなので残高試算表からピックアップして合算するだけです。

「固定費」と「変動費」さえ分かれば、変動P／Lはできる

このようにして、毎月の「固定費」と「変動費」が分かれば、あとは簡単です。該当月の売上高はすぐに分かるはずですから、月次変動P／Lはすぐにつくれます。

「売上高」から「変動費」と「固定費」を差し引けば、残るのは「経常利益」です。「粗利」は「売上高」から「変動費」を差し引くだけで求められます。

損益分岐点比率、**粗利益率**、**売上高経常利益率**といった重要な経営指標も電卓をたたくだけですぐに計算できます。月次決算はスピードが命。概算でいいと覚えておきましょう。

Q05

変動費と固定費の
分け方を教えてください。
月によって上下する人件費は
変動費でいいですか？

熱血会計士の回答

最初に強調しておきますが、人件費は「固定費」です。「給与」を固定費とし、「賞与」や「残業代」は売り上げに応じて変わるとして変動費にする考え方もありますが、私は、給与も賞与も残業代も、社員とその家族が生活していくために毎月必要なお金であるという考えから、すべて固定費に入れるべきだと考えています。ですから人件費は給与・賞与・残業代、まとめて固定費に入れます。

費用を変動費と固定費にどうやって分けるか

変動P／Lは、一般的なP／Lの費用を整理して「変動費」と「固定費」に分けて組み換えただけのものです。考え方さえ分かればすぐに作成できます。この考え方を経理担当者と共有すれば、毎月簡単に出すことができます。

一般的なP／Lから変動P／Lに組み換えるために必要なのは、費用を変動費と固定費に分けることです（固変分解）。業種・業態によって多少の違いはありますが、分け方は大まかで構いません。売上高に比例する費用は「変動費」、売上高にかかわらず毎月固定的にかかる費用は「固定費」と分けていきます。

変動費は主に「材料費」「商品仕入」「外注加工費」の3つと考えればいいでしょう。業種によっては他の科目も変動費に入れますが、おおむねこの3つが変動費とすれば分かりやすいと思います。

小売や卸などの販売業であれば「商品仕入」が変動費です。販売業でも、例えばコンビニエンスストアなどであれば売上高に比例する本部費用は変動費になります。弁当販売業であれば、「商品仕入」以外に「包装材」なども売り上げに比例しますから変動費です。

製造業であれば、製造原価の中の材料費・外注加工費が変動費だというのは分かりやすいでしょう。

そして、その他の費用や「販売費及び一般

管理費」に含まれるもの、「営業外費用」などはすべて「固定費」に入れます。

売上高－変動費＝粗利、　粗利－固定費＝経常利益

一般的なP／Lでは、「売上高」から「売上原価」を差し引いたものが「売上総利益」であり、そこから販管費（「販売費及び一般管理費」を略してこう呼びます）などを引くと「営業利益」となります。この「営業利益」からさらに「営業外損益」を加減すると「経常利益」となります。しかし、変動P／Lでは「販管費」も「営業外損益」も「固定費」ですので、

売上高－変動費＝粗利益額（粗利）
粗利－固定費＝経常利益

とシンプルに表現できるのです。

変動P／Lでは、売上高から変動費を引いたものが粗利です。また、**粗利－固定費＝経常利益です**。ここから「粗利益率」や「損益分岐点比率」など重要指標が簡単に計算できるようになります。経営の重要指標が電卓1つで計算でき、通常のP／Lでは見えないものが見えてくるのです。

Q06

変動P／Lを用いた経営判断の具体的な例を教えてください。

熱血会計士の回答

決算時につくる一般的な損益計算書（P／L）を毎月見て経営のかじ取りをするのはなかなか分かりにくいかもしれませんが、変動P／Lを使えばそれが簡単にできます。以下では、具体例を使って見ていきましょう。

例えば、コロナ禍のときを思い出してみてください。突然、新型コロナウイルスの感染が拡大して、売り上げが大きく落ちたり、緊急事態宣言のときなどは売り上げがゼロになってしまうといったことが、日本中いろいろな業種で起きました。

そこまで極端な例はそう何度も起きることはありませんが、事業環境が変わって売れ行きが急激に落ちるといった変化はよくあることです。そうしたときに、値下げをしてでも何とか売り上げを保つべきなのか、それとも値下げはしないで我慢するのかといった選択を迫られることがあります。変動P／Lを毎月出していれば、すぐに対応ができます。

変動P／Lは、次の式で表されます。

売上高－変動費＝粗利益額（粗利）

粗利－固定費＝経常利益

この式で、「売上高－変動費」が粗利です。変動P／Lからは経常利益だけでなく粗利や、損益分岐点比率（固定費÷粗利）などがすぐに計算でき、様々な経営判断に生かせます。

売上高・経常利益が同じでも収益性に違い

実際の数字で見ていきましょう。

売価1万円の商品を年間10万個売る、売上高10億円、経常利益5000万円の会社がA社とB社、2つあると考えてください。

売上高と経常利益が同じでも、A社とB社では業種が違い、収益性（儲けやすさ）がまったく違います。すると変動P／Lのかたちも違ってくるのです。

製造業であるA社の変動P／Lを見ると、変動費が5億円。売上高の半分が変動費です（変動費率は5億円÷10億円なので50％）。売上高−変動費が粗利で、粗利は5億円です。つまり、10億円の売上高に対して変動費が5億円で粗利が5億円、固定費が4・5億円、経常利益が5000万円という内訳になります。

粗利益率（粗利率）は粗利÷売上高（％）ですから5億円÷10億円で50％。損益分岐点比率は固定費÷粗利（％）ですから4・5億円÷5億円で90％です。

一方のB社は卸売業です。こちらも売上高10億円で経常利益5000万円と、売り上げと利益の規模はA社と一緒です。しかし、B社は、「仕入れて売る」販売業ですから、変動費が多くなります。B社の場合は変動費が8億円で粗利が2億円です（変動費率は80％）。粗利2億円－固定費1・5億円＝経常利益5000万円です。粗利率は粗利2億円÷売上高10億円ですから20％。損益分岐点比率は固定費1・5億円÷粗利2億円ですので75％です。

どちらも「売上高経常利益率」（＝経常利益÷売上高）は5％と同じですが、両社の収益性（儲けやすさ）は大きく違います。損益分岐点比率や粗利率、変動費率などの指標を比べてみるとそれがすぐに分かります。

【A社】

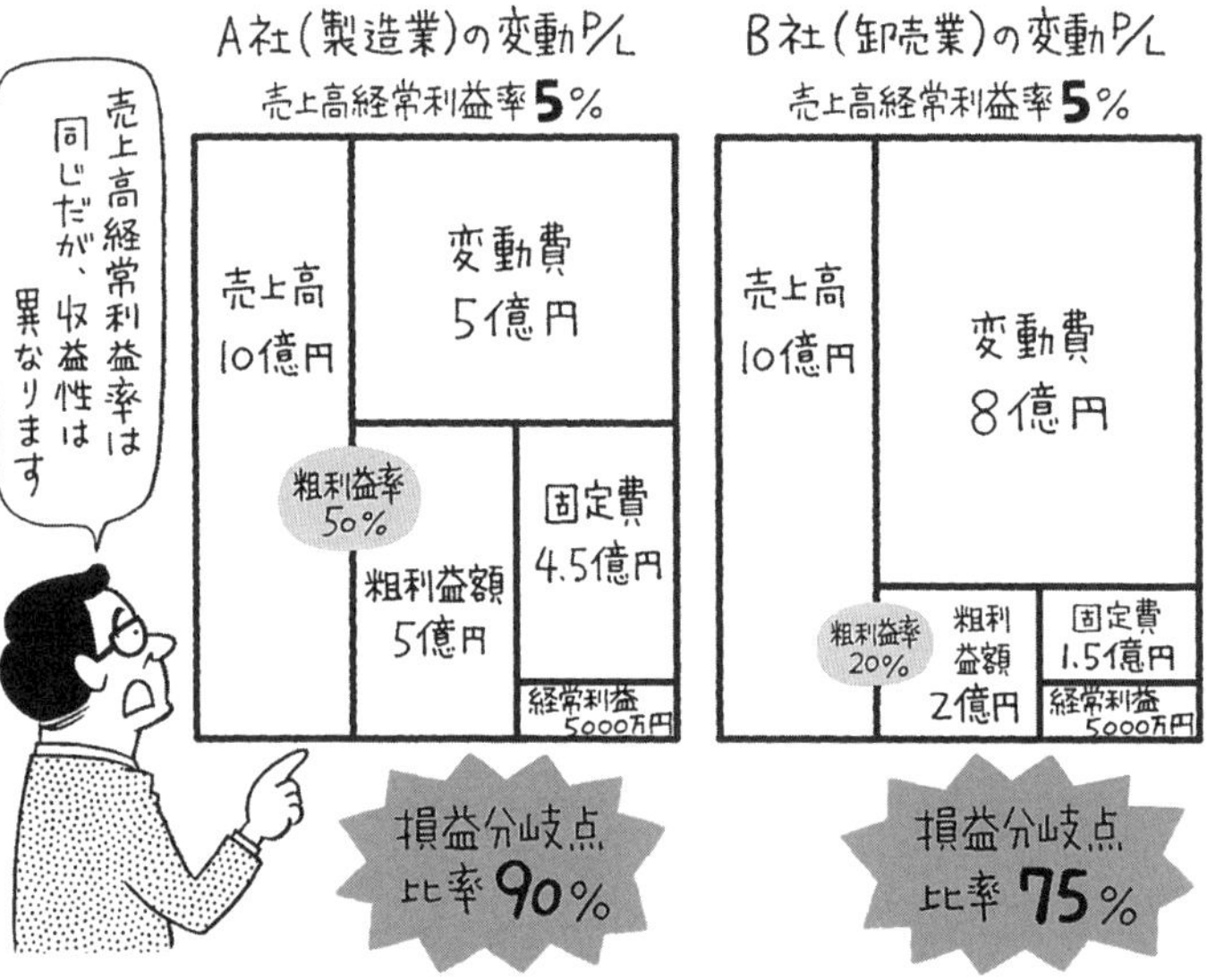

損益分岐点比率90％
粗利率50％
変動費率50％

【B社】
損益分岐点比率75％
粗利率20％
変動費率80％

これらの指標を並べてみると、ずいぶん違うことが分かります。

売り上げ減少にどこまで耐えられるか

このA社とB社に対して、来年は大きな景気変動が予測され、両社とも販売数が10％減ると想定して、利益の変化を見てみましょう。

どちらも売上高は10億円から9億円に減ります。

変動費は売上高に比例しますからどちらも10％減となります。固定費は売り上げによらず一定なので、当然同じです。

変動P／Lで見てみましょう。

A社は売上高が10％減って9億円になると、変動費も5億円から10％減って来年は4・5億円になります。売上高9億円から変動費4・5億円を差し引いて、粗利は4・5億円残る計算です。固定費は売り上げの変動によらず一定ですから4・5億円のままです。したがって、経常利益はゼロとなります。A社は売り上げが10％減ることで収益がギリギリとなるのです。

一方のB社はどうでしょうか。

売上高が10％減の9億円なら、変動費も8億円から10％減って7・2億円です。粗利は売上高9億円から変動費7・2億円を差し引いて1・8億円です。固定費は売上高の変動によらず一定ですから1・5億円のままです。つまり、経常利益は粗利1・8億円から固定費1・5億円を差し引いて3000万円残ります。売上高が10％減ったときには、損益分岐点比率が低いB社のほうが利益が残り、売り上げの減少に対して耐久性があることが分かります。

値下げをしたらどのくらい販売する必要があるか

今見たように、A社は販売数が10％減の9万個で利益ゼロになります。B社は10％減ではまだ経常利益が3000万円残ります。

これに対してB社の経常利益がゼロになるのは販売数が25％減になったときです。計算してみましょう。販売数が25％減だと売上高は7・5億円で、対する変動費も25％減の6億円。差し引きの粗利が1・5億円となります。固定費は1・5億円で変わりませんから粗利1・5億円－固定費1・5億円で経常利益がゼロになる計算です。

変動P／Lを出して損益分岐点比率や粗利率が分かると、値下げをして販売数を伸ばすような、赤字を防ぐための戦略も立てやすくなります。

A社とB社の両方の事例について、どちらも10％値下げしたとき、利益を確保するには何個売ればいいかを求めてみましょう。

これをX個とします。

A社は売価1万円のものを売価9000円に値下げしてX個売ると考えるので、売上高は9000円に販売数Xをかけた「9000X」円となります。1個当たりの変動費は5億円÷10万個ですから5000円なので「5000X円」です。固定費はこの場合も4・5億円で一定なので、「9000X－5000X－4・5億円＝0」の式から4000X＝4・5億円で、Xは11万2500個です。A社は、10％の値下げをした場合、赤字にならないためには11万2500個以上売れればよいと分かります。

これに対してB社は、1個当たりの変動費は8億円÷10万個で8000円。固定費は1・5億円なので「9000X－8000X－1・5億円＝0」となり、X＝15万個。B社は、10％値下げをして利益を確保するためには15万個以上売らなければならないと簡単に計算できます。このように、変動P／Lを使えば精度の高い販売戦略が立てやすくなるのです。

Q07

P／Lを見る目的は
「売り上げ」を増やし、「費用」を減らす
ことに尽きると思います。
それ以上の使い方があるのでしょうか。

熱血会計士の回答

中小企業の社長で経営手腕に自信がある人は、損益計算書（P／L）と貸借対照表（B／S）のことは分かっていると胸を張ります。

しかし、私が知る限り、どちらも本質を理解して、うまく経営に生かしている人は稀です。それは、管理会計の理解も実践もできていないためです。もちろん私たちのお客様の多くはそれを理解し、実践もしていますが、一般的にはそういう人はほとんどいないのが実際のところでしょう。特にB／Sについては、会計のプロでも本質が分かっていない人もいますので、いたしかたないところもあります。

さすがに、P／Lについては分かっている人は多い？

では、P／Lについてはどうでしょうか。

そもそもP／Lとは「売り上げから費用を引いてどれだけ利益が残るか」を示すものですから、経営者や幹部社員にとっては分かっていて当たり前のように思えます。しかし、実際にはP／Lの本質を深く理解し、使いこなしている方は多くありません。

中小企業の社長に「P／Lのことを分かってますか」と聞くと、だいたいの人が「分かっている」と答えます。馬鹿にするのかと怒る人もいるくらいです。しかし、「P／Lの目的は何ですか？」「P／Lをどう使えばいいか分かりますか？」と問うと、ほとんどの人が答えられません。

理由は2つあります。

1つは、P／Lを毎月の管理で使うなら、変動P／Lという形にしなければいけないことを分かっていないこと。もう1つは「P／Lの目的」が分かっていないことです。つまり、毎月の管理会計でP／Lを何のために使うか、が分かっていないのです。

1つめの理由である変動P／Lについては繰り返しになりますが、決算書でつくる一般的なP／Lをスッキリと本質が分かるよう整理したものです。月次のP／Lを見て管理会計をするとき、一般的なP／Lと同じ形式のものを使うと本質が捉えにくく不便です。

変動P／Lは売り上げと費用の関係をチェックするためのツールで、決算用の一般的なP／Lの費用を変動費と固定費の2つに整理したものです。多くの人は月次の管理会計でこれを使うことを知らないのです。

変動P／Lを毎月チェックすると、「売上高」「変動費」「粗利益額（粗利）」「固定費」「経常利益」などがひと目で分かりますし、月次推移を見れば潮目のようなものが見えてきます。

2つめの理由は、P／Lの目的そのものが分かっていないということです。P／Lの目的とは利益です。つまり、正しく利益を上げることです。これは前期と比較して増収増益になることではありません。利益計画の利益と実績を毎月チェックし、一致させることです。変動P／Lから求められる「売上高」「変動費」「粗利」「固定費」「経常利益」。この5つについて、当月の実績額だけでなく「計画値との違い」も見て原因を探り、問題があれば対策を打つのです。

経営計画との違いに注目する

そもそも損益計算書（P／L）とは、「一定期間における企業の経営成績」を表すものです（17ページ参照）。成績というからには良し悪しを付けなければいけませんが、その良し悪しを「実績値と計画値の違い」から付けるのです。

期首に経営計画をつくり、毎月の販売計画、利益計画を立て、期中は毎月の実績がどうだったかと計画値と実績値を付き合わせて見なければ成績は付けられません。計画値と実績値がどのくらい乖離していたかによって経営成績を付け、問題点や変曲点を発見しやすくするのです。具体的には「変動P／L」から得られる5つの指標と、そこから計算できる「損益分岐点比率」や「売上高経常利益率」などの大事な経営指標について、計画と実績の差を常にチェックしていくわけです。

こうして当月の経営成績を把握することがP／Lの真の目的であり、本当の使い方です。

実績値が計画値を下回った場合は、すぐにその原因を見つけて対策を打つ必要があります。乖離が大きい場合、対策が遅れれば致命傷になる恐れがあります。

実績値が計画値を大きく上回っても、手放しで喜んでいてはいけません。その裏で何が起こったかをきちんと見極めるのです。大きな飛躍のチャンスが潜んでいるかもしれませ

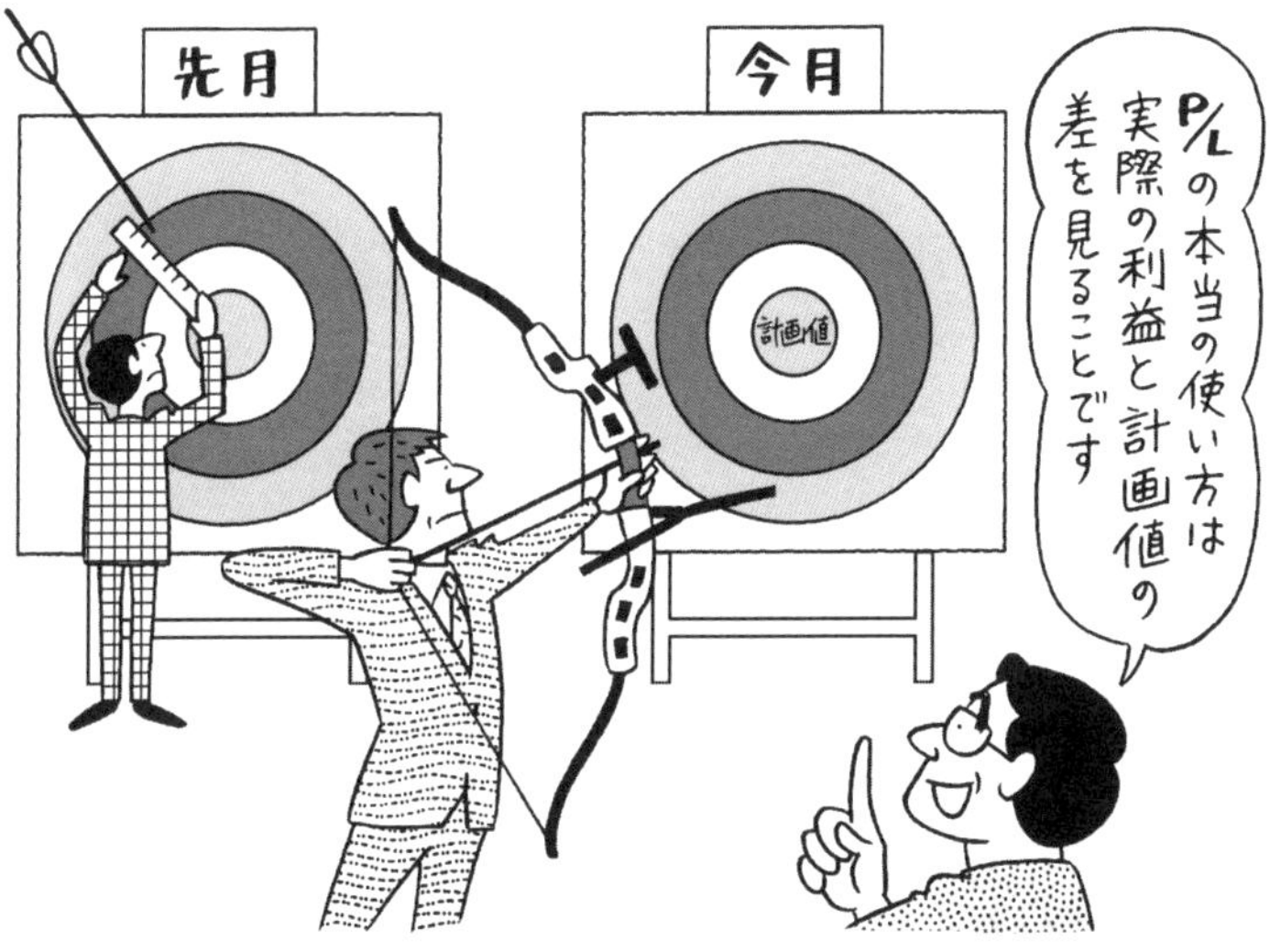
先月
今月
計画値
P/Lの本当の使い方は実際の利益と計画値の差を見ることです

んし、もしかすると最後の輝きだったなどということもあり得ます。

もちろん期首に立てる経営計画が精緻なものであることが前提ですが、計画した数字通りに実績値が毎月上がっていくことがいちばんいい成績だという認識です。

実績が計画値から乖離していたら、何が原因でそうなったかをいろいろな視点で分析する必要があります。見込み違いによるものなのか、たまたまなのか、外的要因か内部に原因があるのかといったことをしっかり把握しないと、本当に意味のある対策は打てません。

変動P／Lによる月次管理で経営のスキルが磨かれる

毎月、変動P／Lを使って計画と実績のすり合わせを繰り返すことで、経営計画の妥当性が分かってきます。チェックは当月分と累計分の両方が必要です。経営計画に悪い点があれば都度修正して、次の計画に生かせます。

変動P／Lを使って計画値と実績値のチェックを毎月繰り返すことで、経営計画の精度が上がってきます。計画が精緻なものになっていけば、起こす行動も的確になっていきます。変動P／Lによる月次管理は経営のスキルそのものを磨いていくのです。

Q08

変動P／Lから求められる「損益分岐点比率」から何が分かりますか？どのように使えばいいのでしょうか？

熱血会計士の回答

変動P／Lから導ける経営指標の中で、私が特に重要だと思っているのが「損益分岐点比率」です。式で書くと、

損益分岐点比率＝固定費÷粗利益額（％）

で計算できます。

損益分岐点比率が低いほど儲かりやすい体質

損益分岐点比率は、粗利に対する固定費の比率（％）を指します。業種によらず収益性を示す目安であり、損益分岐点比率が低いほど経営が安定していて、収益力があります。古田土会計ではお客様に毎月の経営状況について詳細な分析結果を伝えていますが、「損益分岐点比率」はその中でも最重要項目の1つです。

金融機関などでは収益性の指標として売上高経常利益率や総資本利益率を使いますが、この指標は経営の現場では役に立ちません。そもそも業種によって粗利益率が違うので、正しい比較・評価ができないのです。これに対して、損益分岐点比率は粗利益額に対する固定費の比率であり、業種によらず正しく評価できます。収益性を業種によらず横ぐしで

比較できる指標が損益分岐点比率なのです。

私たちは、損益分岐点比率が60％未満の会社を「超優良」（SSランク）、60％以上80％未満の会社を「優良」（Sランク）、80％以上90％未満の会社を「健全」（Aランク）と、損益分岐点比率でランク付けしています。

中小企業の多くが損益分岐点比率90％以上ですので、お客様の会社の経営者にはまずはAランク90％未満を目標にするようお話ししています。

損益分岐点比率がどう重要なのか、実例で考えてみましょう。売上高10億円、変動費5億円、粗利5億円、固定費4・5億円、経常利益5000万円の製造業A社を考えます。損益分岐点比率は固定費4・5億円÷粗

損益分岐点比率	評価	未来・事業競争力
60％未満	SS	超優良企業　余裕シャクシャク
60～80％	S	優良企業　少し余裕あり（抜群の競争力がある）
80～90％	A	健全企業　未来が明るい（優秀な競争力がある）
90～100％	B	損益分岐点企業　全く油断不可（普通の競争力がある）
100～200％	C	赤字企業　未来が危ない（事業存続に問題あり）
200％以上	D	倒産企業　社長交代

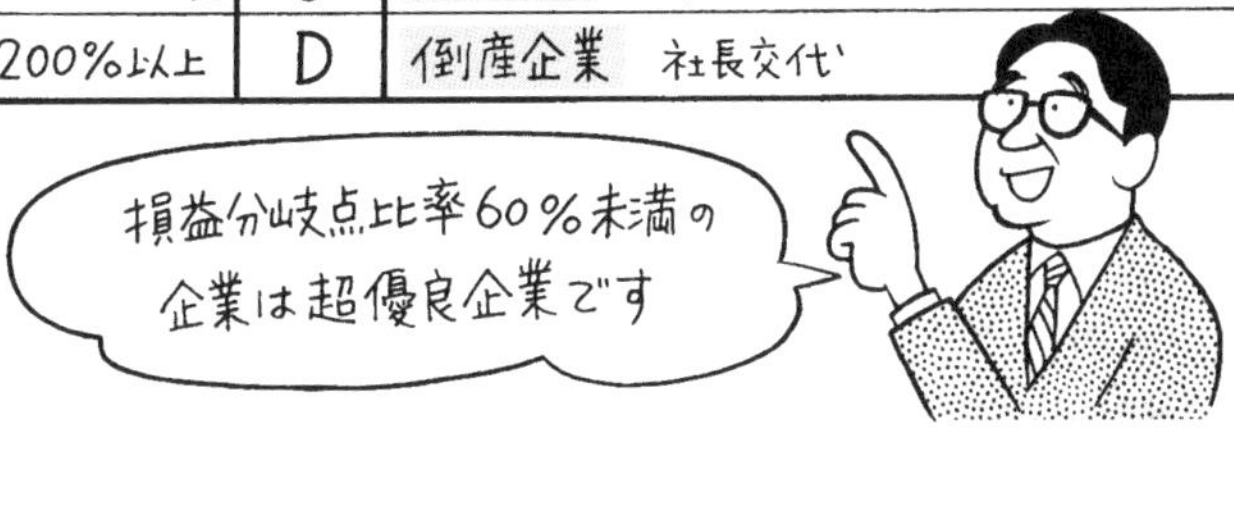
損益分岐点比率60％未満の
企業は超優良企業です

利5億円なので90％です。損益分岐点比率90％とは、今の売上高が90％にまで下がると利益がゼロになることを表しています。

仮に、A社の売上高が10％減るとどうなるでしょうか。まず、売上高は10億円から9億円に減ります。変動費は売上高に比例しますから、5億円から4・5億円に減ります。固定費は4・5億円のまま。経常利益＝粗利－固定費ですので、利益がゼロになります。

次に、売上高10億円、変動費6億円、粗利益額4億円、固定費3億円、経常利益1億円のB社で考えましょう。

損益分岐点比率は固定費3億円÷粗利4億円で75％です。B社は優良企業で、売上高25％減まで持ちこたえます。売上高は今より25％減ると10億円から7・5億円になります。変動費も25％減るので6億から4・5億円。粗利は売上高7・5億円から変動費4・5億円を差し引いて3億円です。固定費は変わらず3億円なので、経常利益はゼロになります。

このように、損益分岐点比率がX％の会社は、「100－X」％売り上げが減ると、経常利益がゼロになります。90％なら売り上げ10％以上減で赤字転落、損益分岐点比率が80％なら20％の売り上げ減で利益ゼロです。損益分岐点比率60％の超優良企業は、売り上げ40％減まで持ちこたえられます。

また、「100－X」(％)を「経営安全率」と呼びます。この指標も損益分岐点比率と併せて覚えておくといいでしょう。損益分岐点比率の式を変形していくと経営安全率が導けます。

損益分岐点比率＝固定費÷粗利(％)
＝(粗利－経常利益)÷粗利(％)
＝100％－経常利益÷粗利(％)
＝100％－経営安全率(％)

と書けます。損益分岐点比率と経営安全率は1つのことを表裏で示す指標です。

このように、損益分岐点比率と経営安全率は、儲けやすさを示すと同時に会社の安全性をハッキリ示してくれる指標です。試しに、あなたの会社の損益分岐点比率を計算してみてください。もし90〜100％であれば、古田土会計のランクでは「B」。油断できない隠れ危険企業です。少し売り上げが下がればあっという間に赤字転落です。

ところが、損益分岐点比率は経営には絶対に欠かせない最重要指標なのに、ほとんどの経営者がその重要性を認識していません。理解している人はさらに少数です。

損益分岐点比率は経営をどう良くしていくかを示す、とても前向きな指標です。まず自分の会社をこれでランク付けすることで現在の立ち位置を把握でき、次の目標を設定できます。損益分岐点比率が90％なら辛うじてAランク。まだまだです。この状態から、3年後に85％、5年後には80％にとSランクに近づけていくことを目指します。

損益分岐点比率を未来の経営計画の目標の1つに位置づけるのです。このランクを上げるために付加価値（粗利）があといくら必要か計算でき、販売数を増やすべきか値上げをすべきかといった今後の具体策が打てます。

数字は未来を創るためにあります。その道具として損益分岐点比率は実に有効な指標なのです。

Q09

変動P／Lで求められる「粗利益率」はどういう指標ですか。どのようなときに使えばいいのでしょうか？

熱血会計士の回答

変動損益計算書（変動Ｐ／Ｌ）を使って経営のかじ取りをする際に、「損益分岐点比率」と並ぶ重要な経営指標が「粗利益率」です。略して粗利率とも言います。以下、粗利率としましょう。

粗利率は、変動Ｐ／Ｌで示される「粗利益額」（粗利）と「売上高」を使って、

粗利率＝粗利÷売上高（％）

と計算できます。文字通り、売上高に対する粗利の比率をパーセントで表したものです。

一見、「儲かりやすさ」を示すように見えますが、分子の粗利は「**売上高－変動費**」ですので、一概に儲かりやすさを示すものではありません。

粗利率は業種によって違う

粗利率は、業種によって水準が違うので注意が必要です。

一般に粗利率が高いのは、飲食業（70％前後）、理美容業（90％前後）、ＩＴ・その他サービス業（90～１００％）などです。

逆に粗利率が低いのは、卸（10～20％）、小売り（20～30％）などです。

中間は、建設業（30〜40％）や製造業（40〜50％）です。

粗利率が高いか低いかで戦略は異なる

自分の会社の利益を増やそうとするとき、粗利率が高いか低いかを含め、どれくらいの水準なのかによって取るべき戦略が違ってきます。

変動P／Lを見れば粗利率はすぐに計算できますから、自社の粗利率がどれくらいなのか、また、同じ業界の中ではどのくらいのレベルなのかを把握しておく必要があります。

その上で、どのように利益を増やしていくか、そのために何をするのかという戦略を描くのです。

粗利率が高ければ販売数量を増やす

一般的には、粗利率が高い会社は、販売数量（Q）を増やすような戦略を取ると粗利が大幅に増えます。

逆に粗利率が低い会社は、1個当たりの付加価値を上げて単価（P）を上げれば粗利が大きく増えます。

したがって飲食、理美容、その他サービス業は数量アップの戦略（Qを増やす戦略）が効果的ですし、卸や小売りは単価アップの戦略（Pを高くする戦略）が効果的です。

なぜこうなるのでしょうか。

粗利率が高い会社は、数量増加（Q増加）に伴って増える変動費（VQ）の比率が低い商品・サービス・事業構造を持つため、数量（Q）を増やせば粗利は大幅に増えます。数量（Q）が増えても変動費（VQ）の増加はそれほどでもないからです。

これは変動P／Lのビジュアルを頭に思い浮かべて、変動P／Lを上下に伸ばすイメージで考えると分かりやすいのです。下のイラストの右側を見てください。販売数量（Q）を増やすと売上高（PQ）も増え、変動費（VQ）も売

粗利益率（粗利率）＝（売上高－変動費）÷売上高

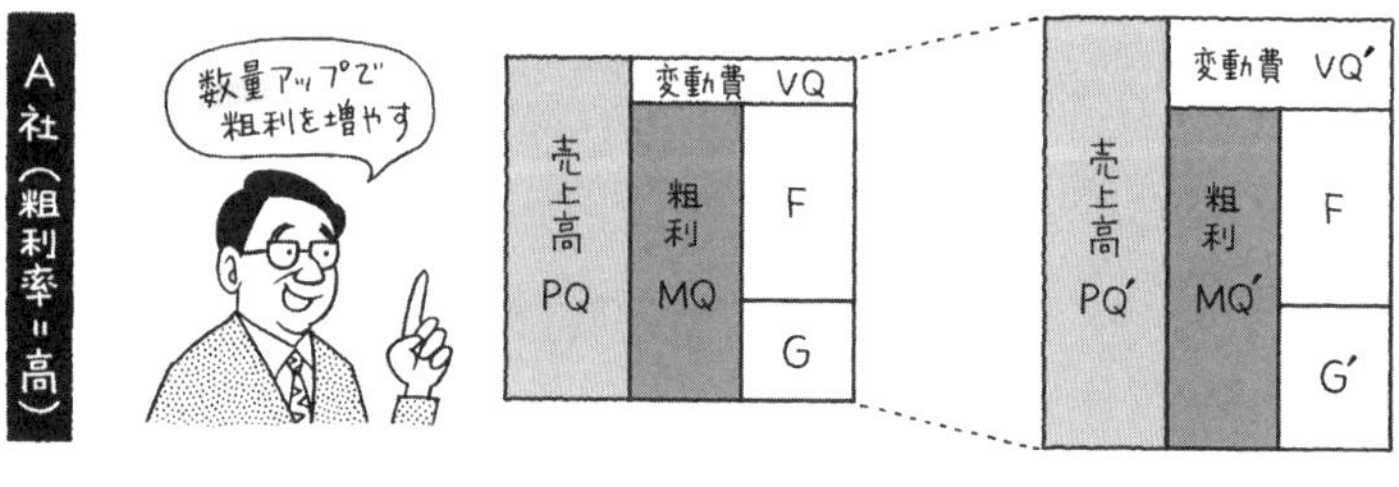

上高と比例して増えますがそれほど大きく増えません。固定費Fは変わりません。結果として、経常利益(G)がより多く増えるわけです。

粗利率が低ければ単価アップの戦略が効果的

逆に粗利率が低い会社は基本、薄利多売の事業構造が多くなります。下のイラストを見ると分かりますが、販売数量Qを増やしても粗利は大して増えません。ですから単価(P)を引き上げる価格アップ戦略を取るほうが有効です。変動P/Lで考えると、価格を上げるだけですから変動費(VQ)は変わりません。固定費(F)はもちろん固定なので、経常利益(G)だけが増えます。変動P/Lを下に伸ばすイメージと言えばいいかもしれません。

価格アップの戦略は、競争相手がいない、または少ない

粗利益率(粗利率)=(売上高－変動費)÷売上高

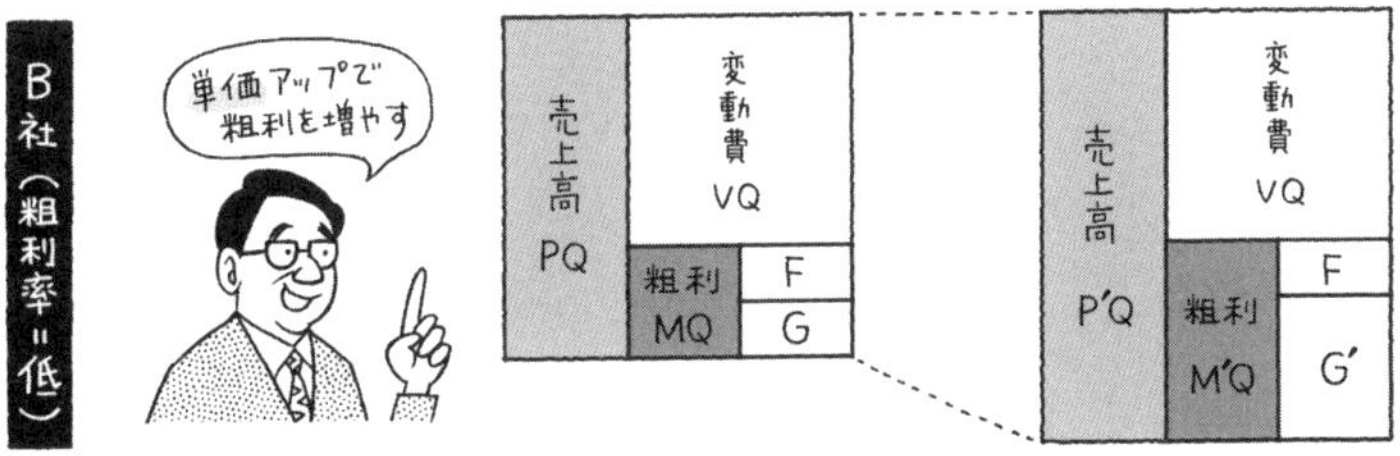

P:単価　Q:数量　V:変動単価　F:固定費　M:付加価値単価　G:利益

市場で、価格競争に巻き込まれることが少ない場合に有効です。

ただし、うまく値上げできれば簡単ですが、現実はそんなに甘くはありません。結局は商品やサービスの付加価値向上を目指すことになります。付加価値の高い商品を継続的につくろう、売ろうと思うなら、研究開発費、広告宣伝費、新しい人材の採用費、技術教育費用などの「未来費用」をかける必要があります。

実際の戦略判断はもっと複雑で、数量アップの戦略（Qを増やす戦略）と販売価格アップの戦略（Pを上げる戦略）の組み合わせです。

これを決めるには、販売数量や粗利率を変えて粗利と経常利益がどう変わるかを、複数のパターンでシミュレーションする必要があります。ただし基本は、変動P／Lで自分の会社の粗利率を把握し、ここで解説したQアップの戦略とPアップの戦略を変動P／Lの変化と一緒に理解しておくことです。正しい経営判断をするための基本です。

Q10

コンサルタントから「生産性」を上げるように言われましたが、何から手を付けたらいいのか分かりません。

熱血会計士の回答

政府が骨太の方針の中で「生産性の向上」を掲げてから、ビジネスの現場でも生産性がよく話題に上るようになりました。

しかし生産性の定義は人によってかなり違います。

私たち古田土会計の定義は明確です。

生産性とはズバリ、「粗利益額（粗利）÷固定費」のことです。

生産性とは「粗利÷固定費」のことである

粗利が1億1000万円で、固定費が1億円なら、生産性は「1・1倍」となります。

粗利も固定費も変動損益計算書（変動P／L）で示されますので、変動P／Lを見ればひと目で計算できる指標です。

意味は、「会社として投入しているリソース（資源）に対して、どれだけの成果が出るか」ということです。

ここで投入するリソースとは、変動費以外の費用である固定費で、成果というのは付加価値であり、付加価値は売上高から変動費を引いた粗利のことを指します。

また別の見方では、「固定費＋ゼロ」の状態が何らかの企業努力によって「固定費＋経常利益」になり、これが付加価値になります。インプット（固定費）に対して、どれだけの価値が付いたか（固定費＋経常利益）を示す指標が生産性なのです。

世の中にはいろいろな「生産性」がある

一般に生産性と言うと、企業経営の観点からは、売上高を社員数で割った「1人当たりの売上高」や、「1人当たりの粗利」「1人当たりの経常利益」などが思い浮かびますが、「働き方の効率」を念頭に置く人もいて、必ずしも統一的に使われていないのが現状です。

「付加価値」の定義も様々

世の中では付加価値の定義もまちまちです。

例えば、経済産業省の定義（経済産業省が「事業再構築補助金」事業の中で示している付加価値額の定義）では「営業利益＋人件費＋減価償却費」が付加価値となっています。

また日本生産性本部は「売上高から原材料費や外注加工費、機械の修繕費、動力費など外部から購入した費用を除いたもの」を付加価値と定義しています。

どれも間違いではありませんが、複雑で本質を見失います。現場では使えません。生産性の本質は「粗利÷固定費」とするのがシンプルで分かりやすく実践的です。そして、この定義なら変動P／Lを見れば一発で分かります。

中小企業にとって生産性の向上とは、固定費を減らすことではなく粗利を増やすことなのです。

固定費削減を生産性向上と勘違いする社長がいる

世の中の経営者の発言をつぶさに見ていくと、「生産性の向上」というときに、「もっと効率よく働くこと」、つまり時間効率のことを言っていたり、「無駄な費用を削減しよう」などと費用面での効率を生産性向上というふうに言っていたりする事例があります。

中でも目に付くのは、固定費を減らすことに着目して、設備投資による合理化を進めようとしたり、人件費の削減をしたり、残業を減らすようにして労働時間の短縮を図ったりするものです。いずれも、経費の削減などを俎上に載せていて、単なる労働強化になっていたりするものがあります。

　しかし、固定費は一時的には削減できても、継続的に減らし続けることはできません。確かに無駄を省くことは悪いことではありませんが、そぎ落とせるものはどこかでそぎ落としきってしまうので、これ以上は難しいという限界が来るはずです。

　中小企業の経営者は、固定費の削減は社員に任せ、粗利を増やすことに集中しなくてはいけません。

　一口に粗利を増やすと言っても、事業構造の改革や新商品・新サービスの開発をしなければおいそれと粗利は増やせません。真の生

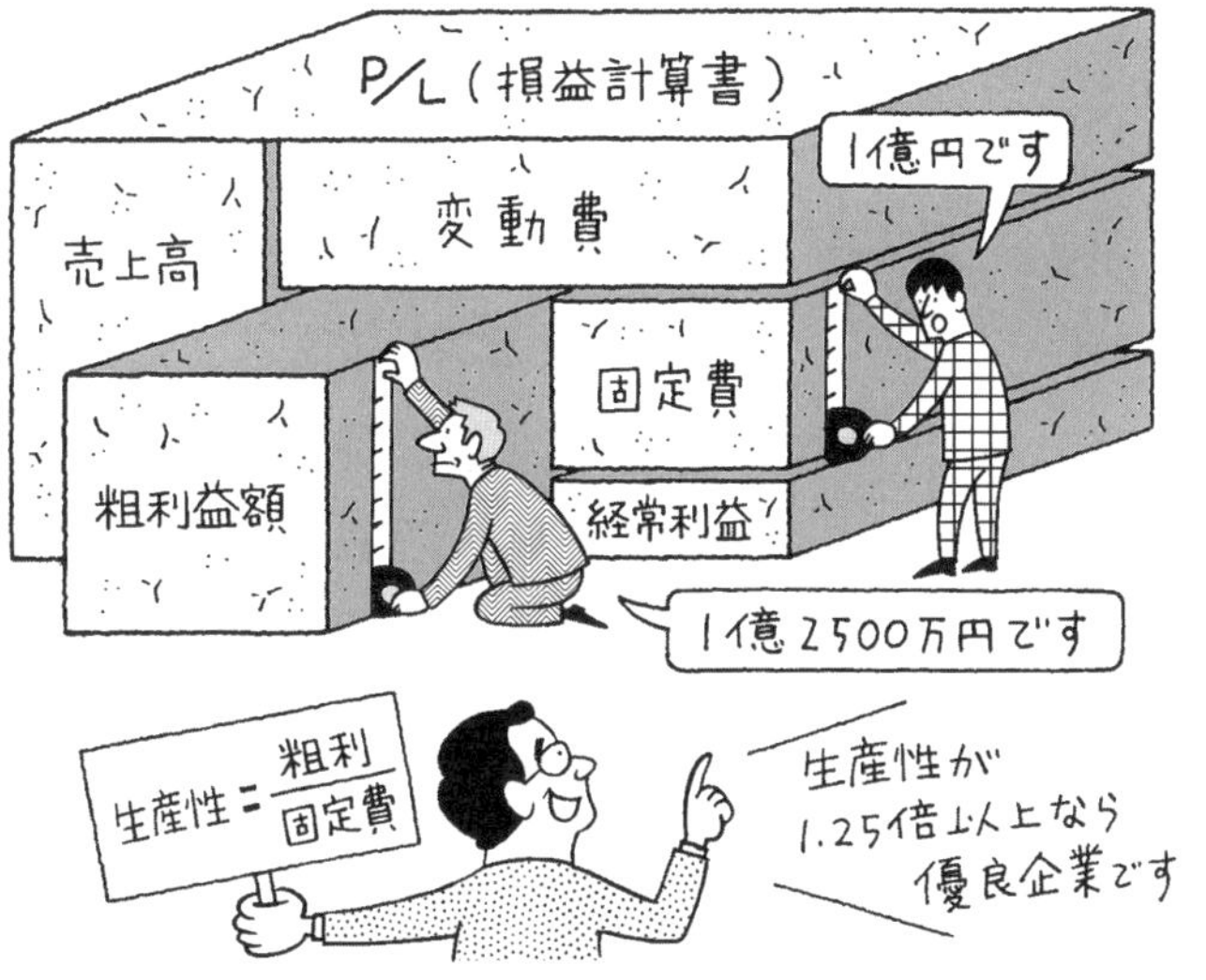

産性向上は経営者にしかできない仕事なのです。

生産性の計算式は、「粗利÷固定費」ですが、これは、「損益分岐点比率」(固定費÷粗利)の逆数です。

われわれの尺度では損益分岐点比率80％（0・8）未満が優良企業の目安です。このとき生産性はその逆数ですので、1・25倍より大きければ優良企業である目安となります。

ちなみに、生産性が1・1倍以上なら健全な競争力のある会社と言えるでしょう。生産性が1・1倍未満になると油断できない状況となりますし、1・0倍を切ると赤字ということで、事業存続に問題があるレベルです。

中小企業が目指すべき生産性は1・25倍となります。この数字を目指して、粗利を増やせる事業構造をつくるのが経営者の仕事です。

生産性で1・25倍を目指すことは、損益分岐点比率で80％を目指すことと同じです。どちらでも構いませんので、分かりやすいものを指標として経営の改善を続けるようにしてください。

Q 11

当社の「労働分配率」は
他社と比べて高いようです。
収益性を上げるためには
労働分配率を下げるべきでしょうか？

熱血会計士の回答

「労働分配率」は「人件費÷粗利益額（粗利）」をパーセントで表した指標で、変動損益計算書（変動P／L）から簡単に求めることができます。言うならば、労働分配率とは、会社が生み出した付加価値を示す「粗利」のうちで、どれくらいが人件費として支払われているかを表す指標です。会社の生産性を判断するときに使われ、人件費が適正な水準にあるかどうかを判断する目安になります。

この労働分配率ですが、儲からないからとか、赤字になりそうだなどと言って、人件費をカットして労働分配率を下げようと指導する経営者やコンサルタントがいます。しかし、こういうことをする会社はブラック企業でしかないと知るべきでしょう。

中小企業の社長は安易に給与や賞与の削減で労働分配率を下げようとしてはいけません。むしろ社員とその家族のために長期的には給与と賞与を上げることを目的としなければいけないのです。人件費が上がっても粗利がそれ以上に増えれば労働分配率は下がります。

実例で知る労働分配率の適正値

では、中小企業の労働分配率はどのくらいが適正なのでしょうか？

私がある会社（A社とします）の社長から受けた、労働分配率についての相談を例に見ていきましょう。その相談とは、「経営コンサルタントが『御社の労働分配率は60％と高すぎるから50％にすべきだ』と言うのです。経理に聞いてもうちの労働分配率は高いという。しかし、私はそう思いません。うちは1人当たり300万円の経常利益があり、会社は十分に儲かっているからです。私は間違っていますか」というものでした。

私は「社長が正しく、コンサルタントと経理が間違っています」とお答えしました。

会社によって労働分配率の目標は変わってくる

労働分配率は人件費÷粗利（％）で計算されます。

労働集約的な仕事かそうでないかによって、目標とする労働分配率は変わるものです。例えば、私たちのような会計事務所は、人手に頼る部分が多い労働集約型の仕事ですから労働分配率60％を理想としています。多くの士業はそうでしょう。ある期の目標は、労働分配率を65％、1人当たりの経常利益を150万円と置きました。自社のことを言うのはなんですが、胸を張って高収益企業だと言える1人当たりの利益です。対してA社は1

人当たり300万円と古田土会計の2倍の経常利益が出ていますから、十分に高収益型の事業構造、とても優秀なレベルです。したがってA社は労働分配率を下げる必要はまったくありません。

一方、人件費以外の固定費が大きい業種の労働分配率は一般に低くなります。

例えば、卸売業のB社で見てみましょう。B社の労働分配率は32%です。

B社は販売するための広告宣伝や営業費用などの販売促進費、いわゆる販促費がかかる業種・業態です。人件費以外の固定費が大きいのです。労働分配率を高くしようとして人件費を上げると、固定費が膨らみますから、自ずと経常利益が減ります。B社では、労働分

社長が労働分配率で考えるべき要素は分母となる粗利を増やすことです
人件費
粗利益額

配率を40％にしようとすると、利益がゼロとなってしまいます。このように業種によって労働分配率は変わり、適正値は一律に決められません。

労働分配率を人件費に注目して見てはいけない

今、多くの経営者が労働分配率を粗利ではなく人件費に注目して見ているのは大きな問題です。彼らは会社のためだけを思い、社員やその家族のことを見ていないのです。

リーマン・ショックやコロナ禍のように、大きな経済危機で業績が悪化したときにはこの傾向が強くなります。利益が上がらないなどと言って人件費を削って労働分配率を下げようとする経営者が増えますし、常にそうした志向の人が一定程度いるのです。

もちろん、このままでは倒産してしまうというときには、社長が社員に頭を下げ、人件費を一時的に下げさせてもらうことはあります。それが中小企業の現実です。

しかし、危機を脱すればすぐに元に戻し、長期的には社員の給料を上げることを目指さなくてはいけませんし、そもそもそのような状況に陥らないように差配するのが社長です。ですから、安易に人件費を削減して労働分配率を下げようとしてはいけないのです。大企業はともかく賃金水準が低い中小企業が、これ以上人件費を減らすのは無理があります。むしろ、社員の賃金を上げる高賃金経営を目指すべきです。給与はコストではありません。経営の目的です。

高収益型の事業構造を実現できているなら、高賃金によって労働分配率が高くなっても問題はありません。そもそも中小企業の労働分配率は、分母の粗利が上がれば下がり、粗利が下がれば上がるものです。中小企業は人件費を固定費と捉え、世間相場や同業者以上の給与を目標とし、それをカバーする粗利の獲得を目指すことこそが正しい経営なのです。

ちなみに、大企業は給与が高いのに労働分配率が低く、中小企業は給与が低いのに労働分配率は高いのです。労働分配率を上げろと世間一般では言われますが、付加価値の高い経営をして、給与を上げていくことが中小企業の目指すべき経営です。労働分配率はその結果なのです。

Q 12

会社が今後成長するために
費用をかけたいと思います。
指針があれば教えてください。

熱血会計士の回答

事業環境が変動する中、売り上げ減少や収益悪化に悩む中小企業経営者は少なくありません。厳しい状況下ではできる限り費用を抑えたいと出費を絞るのは経営者として当然のことです。ただし、未来に向けて成長していく会社でありたいと思うなら絶対に減らしてはいけない費用があります。

それが「未来費用」です。

財務会計上は未来費用という勘定科目はありませんので、一般的な損益計算書（P／L）を探しても見つかりません。「いったい何だろう？」と思う人も多いのではないでしょうか。

未来費用は固定費の1つ

変動損益計算書（変動P／L）では、費用を変動費と固定費の2つに分けて考えますが、未来費用は固定費の1つです。

固定費は大まかに（1）人件費、（2）未来費用、（3）減価償却費、（4）それ以外の販売費及び一般管理費（販管費）に分けられます。未来費用は固定費の1つと言いましたが、その中でも「広告宣伝費」「教育費」「採用費」「研究開発費」など、会社の成長に役立つものの総称です。

変動P／Lの使い方に慣れたら、今度は「固定費」の中身に注意を払い、未来費用にどれだけかけているかを把握し、どうすべきかを考えてほしいのです。

肝心なのは「未来費用」をどうするかという考え方です。できる社長は会社の未来の成長のために「未来費用」を削らず、むしろあらかじめ確保しようとします。一方、できない社長は未来費用も含めて固定費すべてをがむしゃらに最小化しようとします。

もちろん固定費を減らそうという大きな方針が間違っているわけではありません。「未来費用」と「人件費」を除けばこの方針で構わないのです。例えば金利はできるだけ低いものに切り替える努力をすべきですし、「地代家賃」「賃借料」「保険料」なども可能な限り節約していくべきものです。

未来費用はどんなに苦しくても削ってはいけない

しかし未来費用は、可能な限り捻出してください。会社を成長させようとしているのなら、どんなに苦しくても決して削ってはいけません。未来費用と人件費が会社の未来を支える土台なのです。

　ここからは未来費用に絞って話を進めましょう。

　例えば、ある商品を販売するA社が現在、年間で10億円の売り上げを上げているとします。この10億円という売上高は、いまA社が持っている商品を現在の市場で営業努力をして売り上げた結果です。

　もし、来年度以降、もっと売上高を多くしようとするならば、そのための費用をかけなければ結果は付いてきません。

　例えば、もっとブランド力を上げ、広く会社と商品のことを周知させていくための広告宣伝費は欠かせないはずです。こうしてブランド力が付いてくると長期的に売り上げは増え

ていくはずですが、投入した広告宣伝費の効果はいつまでも続くわけではありません。必ずどこかで止まります。さらなる広告宣伝費や、現在の商品とは違う新しい商品やサービスを開発するための費用を確保して投下していく必要があります。

こうした未来費用をかけて、新しい付加価値を生み出していくのが社長の仕事です。未来費用とはつまり、新しい付加価値を生み出すための費用と言うことができます。

未来費用を惜しむと成長は止まる

どんな会社も未来費用を確保し、継続的に投入していかなければいずれ売り上げは下がります。現商品が陳腐化したり、ライバルが出現したりするからです。新しい商品を開発したり新市場を開拓したりするためには、「試験研究費」や「開発費」を使わなければならないのです。

このほかに、販売力の強化、生産設備の合理化、事務の効率化のための投資なども大切な未来費用です。

「うちは赤字だから未来費用をかけられない」と考える社長も中にはいるでしょう。背に腹は代えられません。財務状態によってはそうしたことも確かにあります。

しかし、そういう社長は自らが得意先を回り、自らが新商品・新サービスを開発していかなければなりません。そもそも中小企業では、新しい商品を開発したり新しいサービスを開発したりするのは社長の仕事です。未来費用をかけられないなら社長のがむしゃらな頑張りで補うしかないのです。未来への投資はそれほど重要なものです。

最後に、未来への投資としての人件費について考えてみます。

人件費を増やしていこうという意思がある社長にとって、人件費の増分は広義の未来費用と言えます。社員たちに喜んで働いてもらって生産性を上げたり、新しい有能な人材を獲得するために必要なものはやはり給料です。いくら理想を高く掲げても払うものを払わなければ人はついてきません。人件費そのものが広義の未来費用と言えます。未来費用をケチる社長とその会社には未来はないのです。

Q 13

人件費が大きな負担になっています。
どのくらいが適正か判断するには、
どうすればいいでしょうか？

A 熱血会計士の回答

まず、人件費を「負担」とする考え方が、そもそも間違いだと申し上げましょう。

人件費とは単なるコストではありません。経営の目的であり、会社を成長させるための「未来費用」に含まれるものです。

確かに損益計算書（P／L）を見ると、人件費は給与や労務費、法定福利費などで「販売費及び一般管理費」（販管費）や「売上原価」などに入る費用ではあります。しかし私は、古田土会計のお客様に常々「人件費を未来費用と考えて、上げることを会社の目的にしてください」とお伝えしています。

中小企業は、大企業に比べてなかなか人材が集まりません。高齢化が進んでいる日本では、若者自体が減っているわけですからなおさらです。だからこそ、いま自分の会社で働いてくれている人たちを「人財」と考えて報いなくてはいけないのです。中小企業では、社員とその家族に報いることをしていかなければどんどん人は辞めていきます。

人件費をコストと考えるか、目的そのものであり未来費用と考えるかで、会社の未来は変わってきます。会社は、人財がいなければ拡大も成長もできないのです。

人件費は増やすことを目的とする

変動損益計算書（変動P／L）では、人件費は「固定費」の中に含まれます。名目上はコストです。しかし、「未来費用」という特別なコストだと考えて「増やす」ことを会社の目的にするのです。

多くの経営者は人件費を単なる固定費と捉えて減らそうとします。また、季節によって売り上げが変わる業種では、残業代が売り上げによって大きく変わるため人件費を「変動費」と見て減らそうとします。こういう経営者は発想や発言、行動が常に人件費削減の方向に向いています。

社員はこうした経営者の考えを敏感に察知し、見抜きます。口では給料を上げるのが目的だと言いながらやることはその反対という経営者では、社員の士気は上がらず、成長も望めません。業績は良くて現状維持。多くは間違いなく衰退でしょう。

本気で会社を成長させたいのなら、「人件費は目的であり未来費用である」と肝に銘じるしかありません。その上で、地域相場より高い給料を払うことを目指します。

中小企業は公務員や大企業と比べて給与が低いので、人件費を上げていくことは社員を幸せにするために必要です。私はこのことを「人件費とはコストにあらず、目的である」と、お付き合いのある中小企業の社長にことあるごとにお伝えしています。

もちろんない袖は振れません。ですから、きちんとした目標を立て、人件費を上げるための原資を長期的につくっていきます。そして、そのために業績を上げていくのだというメッセージをハッキリと社員に伝えるのです。

社員は、人件費をコストと考える社長と、給与を上げるためにみんなで利益を上げようと言う社長のどちらについていきたいと思うでしょうか。

「県庁職員」の年収を目標に

私の尊敬する経営学者である坂本光司先生は、役員報酬が社員の平均給料の5倍以上なら、経営者は役員報酬を下げて社員の給料を上げるべきだとおっしゃっています。私もこれはとても分かりやすい目安だと思います。

坂本先生はこれに加えてもう1つ目安を挙げています。その会社がある地域の、県庁職員の年収を目標とするのです。

大都市圏は別として、県庁（あるいは道庁、府庁。以下は県庁で統一）職員の年収は多くの場合、地域でいちばんの水準です。もし中小企業がそれと同水準の賃金を支払っているなら、その会社の給料は高水準であると胸を張って言えます。

県庁職員の賃金水準は、各自治体のサイトや、総務省のサイトなどで調べることができます。

総務省「令和4年地方公務員給与の実態」から、いくつかの例を拾ってみましょう。福岡県（平均42・1歳）なら月給41万4200円で賞与は161万5400円。兵庫県（平均41・6歳）は、月給43万300円で賞与は

169万1100円。宮城県(平均42・8歳)は月給43万700円、賞与は171万2800円といった金額です。平均42歳くらいで、年収700万円弱です。

このように、県庁職員の賃金を目安にすることはとても分かりやすく、説得力がありま す。中小企業の経営者としては挑戦のしがいもあります。

地方では県庁職員の賃金はほとんどの地域で、その地域の最高水準と認識されていますから、それと同等以上の賃金を払っていれば「うちの会社は社員に報いている」と胸を張れますし、社員もそれだけ高い給料をもらっていると誇りを持って働けます。仕事にも張りが出ます。採用にも効果的です。

中小企業の経営者は、こうした高賃金を中長期計画の目標に据え、払えるようになるにはどうするかを考えます。

水準以上の給料を払わずに理想ばかり言っても社員はついてきません。社員の士気が上がるのは給料が相場より高いことが前提です。世間並みか世間以下では、いくら教育に投資しても業績につながりません。

給料が理由で採用ができない

新卒や中途採用にも力を入れます。多くの中小企業は、即戦力にならない新卒は採りたがりませんし、中途の人にも給料を出し渋りがちです。まずはこの意識を変えてください。

新卒社員はたとえ少人数でも継続的に採用すべきです。即戦力にはならなくても未来の粗利を稼いでくれる「人財」です。新卒社員の人件費こそ、未来費用と認識してください。

中小企業では、優秀な中途の入社希望者が会社の水準よりも高い金額を希望したため採れないという事例がたくさんあります。入社希望者は前の会社で経験を積み、それなりの給与を得ています。採用側は「うちでは未経験だし実力も未知数だからそんなに払えない」と思います。しかし、それでは永遠に人財は獲得できません。

力があると見込んだ人なら、差額分を上乗せで支払うことぐらいまではやらなくてはいけないでしょう。3年もすれば十分稼いでくれる本当の人財になってくれます。

期中は差額を繰り延べ資産とし、損益に影響させないように管理してもいいのです。決算時は通常通り、販売費及び一般管理費（販管費）に戻すのです。または期中は差額を特別損失に入れて経常損益に影響しないように管理してから、決算時に販管費に戻します。手立てはいくらでもあります。

人件費の扱いには社長の哲学が表れる

高賃金の原資は売り上げ・利益です。今より高い賃金を払うなら、今より売り上げを増やし、利益を上げるしかありません。このためには既存の商品・サービスに加え新商品や新サービスの創造が必要です。中小企業でこれを決めていけるのは社長だけです。売り上げを増やし、儲けた利益をどう社員に分配するかを決めるのも社長です。

人件費の取り扱いは社長の哲学が如実に表れるところですし、社員も敏感に反応します。こうしたことを中長期計画に盛り込み、毎年社員と共にチェックしながら努力をしていくのです。経営の強い意志が必要です。

Q14

当社は「売上高人件費比率」が高い
と言われました。
人件費を下げるべきでしょうか。

熱血会計士の回答

私が主宰するセミナーや勉強会に参加する社長たちの間で、人件費が話題になることがよくあります。多くは「人件費が高い」というもの。話を聞くと「政府は中小企業も賃金を上げろと言うが、現状維持が精いっぱい。本当は減らしたい」と本音が聞こえてきます。

ある勉強会で典型的な相談がありました。その例をお話ししましょう。

相談してきたのは食品製造・販売会社の社長で、会社の年間売上高は5億円、変動費が1・7億円、粗利益額(粗利)が3・3億円あります。粗利のうち固定費は2・97億円です。収益性を示す損益分岐点比率(固定費2・97億円÷粗利3・3億円)は90％で、経常利益は3300万円と中小企業としては健全です。しかも、生産能力にはまだかなり余裕があり、工場や店舗の数は変えずに生産・販売の数は1・2倍に増やせるとのことでした。

売上高人件費率で人件費を見る

それなのに、この社長は「うちの人件費は1・8億円で『売上高人件費比率』は36％。業界平均の33％よりも高いから他社並みに下げたい」と言うのです。

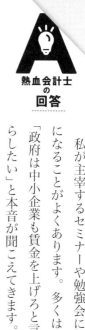

この話を聞いた私は驚いて、「目指す方向が逆です。人件費を減らすのではなく、売り上げの数を増やすべきです」と指摘しました。続けて、「売上高人件費比率が高いことはむしろ誇っていいことです。社員に報いていると考えるべきです。業界の低い平均値に合わせるなんてもってのほかです」とお話をしました。

この会社は、平均価格1000円の食品を年間で約50万セット、製造・販売しています。仮に生産を増やして販売数量を1・2倍にしたとしましょう。人件費は多少増えるかもしれませんが、工場や店舗等の設備には余裕があって今のままですから固定費はあまり増えません。

売り上げを増やしても固定費は増えない

つまり、売上高が1・2倍の6億円となり、売上高と比例して増える変動費も1・2倍の2・04億円。粗利は売上高から変動費を差し引いて3・96億円となります。

固定費の2・97億円はほぼ変わりませんから、経常利益は現在の3300万円から3倍の9900万円に増えます。損益分岐点比率は、固定費2・97億円÷粗利3・96億円で75%。これは超優良クラスでしょう。しかも売上高人件費比率は人件費1・8億円÷売上高6億円で30%と業界平均より低くなります。給料を下げるどころか上げなくてはいけません。労働を強化し利益も増えたのに給料を下げるのはブラック企業です。

社長が勘違いをした最大の原因は、こうした損益構造が分かっていなかったことにあります。本来、売上高や変動費、粗利の関係はもちろんのこと、粗利率、損益分岐点比率といった経営指標まで理解していなければ経営はできません。人件費は固定費の一部であることを理解し、**売上高－変動費＝粗利益額、粗利－固定費＝経常利益**という変動P／Lの構造をしっかり頭に入れることです。粗利益率も損益分岐点比率もここから導けます。

Q 15

変動損益計算書（変動P／L）を もう少し簡単に理解する方法は ありませんか？

変動損益計算書（変動P／L）の考え方は、慣れてしまえばこんなにシンプルで簡単なものはありませんが、慣れるまでは少し時間がかかります。ここでは、販売価格（P）と販売数（Q）などを使って、再度、変動P／Lを眺め直してみましょう。

熱血会計士の
回答

多くの社長が自社の収益構造を分かっていない

はっきり申し上げて、ほとんどの会社の社長は自分の会社の収益構造を分かっていません。私が主催するセミナーに参加された中小企業の社長たちに「自分の会社の収益構造を分かっていますか？」と聞くと、ほとんどの人は「そんなことは当然でしょ」とばかりに、少しムッとした表情でうなずきます。

そこで私が「では、年間の売上高と変動費、粗利益、固定費、経常利益の関係を図にしてください」と言うと、途端に皆さんの目が泳ぎ始めます。

数字は答えられても、関係まで図にできる人はほぼ皆無なのです。これは本当の意味で収益構造が分かっていないからです。

「**売上高－変動費＝粗利益額（粗利）**」、「**粗利－固定費＝経常利益**」という収益の基本構造が頭に入っていれば、すぐ図にできるはずです。

変動P／Lが分かれば収益構造も分かる

そして、この構造は変動P／Lそのものです。変動P／Lさえ理解できれば、自社の収益構造はすぐに理解できるはずです。

変動P／Lからは、粗利益率や損益分岐点比率などの重要指標もすぐに導けます。「粗利益率」（粗利率）は「粗利÷売上高」（％）ですし、「損益分岐点比率」は「固定費÷粗利」（％）で表せます。変動P／Lでは人件費はすべて固定費に入れます。

さらに、売上高を商品の平均単価「P」と販売数量「Q」の掛け算PQで表すことにすると、いろいろな戦略が立てやすくなります。一般に、ほとんどの会社で複数の商品やサービスを扱っていますから、このようにシンプルに表現できる会社はありませんが、あたかも1つの商品を売っていると考えればいいのです。

変動費はVQと表します。商品1つ当たりの変動費をVとして販売数量Qと掛け合わせたものです。粗利は商品1つ当たりの粗利Mと販売数量Qの掛け合わせでMQと表せます。固定費は販売数量によらず一定のF、経常利益はGとします。

こうすると、収益の基本構造を表す「**売上高－変動費＝粗利**」という式は、

売上高PQ－変動費VQ＝粗利MQ

と書けます。すべてに販売数量Qが入ります。

そして、

粗利MQ－固定費F＝経常利益G

となります。

粗利率と損益分岐点比率はそれぞれ、

粗利率＝粗利MQ÷売上高PQ＝商品1つ当たりの粗利M÷平均単価P（%）

損益分岐点比率＝固定費F÷粗利MQ（%）

です。MQ÷PQ＝M÷Pで示される粗利率を、古田土会計ではm率（限界利益率、付加価値率）と呼んでいます。

P／Lの目的は「経常利益を増やす」

さて、私はお付き合いのある中小企業の社長に「損益計算書（P／L）の目的は経常利益を増やすこと」と常々お伝えしています。対して「貸借対照表（B／S）の目的は自己資本比率を上げながら手元の現預金を増やすこと」です。併せると、「中小企業の社長は、P／LとB／Sを常に（毎月）チェックして経常利益の最大化を図り、自己資本比率を上げ、手元の現預金を増やすようなかじ取りをすべきだ」ということになります。

経常利益Gは粗利MQから固定費Fを差し引いたものですから、経常利益Gを増やす

ためには粗利MQを増やすか、固定費Fを減らすか、どちらかが必要です。中小企業が取るべき戦略は人件費を含む固定費Fの削減ではなく、粗利MQの拡大です。粗利拡大のためにすべきことは、固定費は一定なので売上高PQを増やすことにほかなりません。

単価アップ戦略か販売数アップ戦略か、その混合戦略か

さらに、売上高PQを増やす戦略は、(1)「平均単価Pをアップする戦略」(Pアップ戦略)と、(2)「販売数量Qを上げる戦略」(Qアップ戦略)の2つに分けることができます。

前者は値上げと現在よりも付加価値の高い商品の開発です。後者は販売数を増やす戦略と新規取引先の開拓です。どちらにしても、またその混合戦略を取るにしても、中小企業の社長は社員と一緒に確認しながら、対策を打っていく必要があります。

Q16

長期的には賃上げをしていきたいと思っています。しかし、そのための原資はどこにあるのでしょうか？

熱血会計士の回答

日本の経済力が相対的に下がり他国の物価が上がっている現状では、時に社員の生活を脅かすような急激な物価上昇、急激なインフレが起こる可能性があります。こうしたときに、社員の賃金をどう上げればいいのかは、中小企業の経営者がいちばん頭を悩ませる問題ではないでしょうか。

近年の急激な物価上昇に際しては、社員の生活を守るために、あるいは新しい人材獲得のために賃金を上げたいけれどもどうすればいいか、原資がどこにあるか分からない、と悩む声が、私のところにも数多く寄せられました。

社員の生活が脅かされるような状況では「値上げ」

こうしたときにどうするかは、たいへんな難問のように思えるかもしれませんが、実はとてもシンプルです。答えは一択。「値上げしなさい」です。

こうした状況下での賃上げの原資は、粗利益額(粗利)の増分です。

つまり人件費を増やそうとするなら、粗利を増やす努力をしなくてはならないのです。

そして、急ぎ粗利を増やすのであれば、販売数量を増やす方向ではなく、値上げで賄いなさいということです。販売数量を増やす方向は時間がかかります。緊急措置としては間に合いません。

緊急時に販売数量を増やすことで売上高を増やし、賃上げの原資にしようとする社長がいますが、多くは間違いです。なぜなら同じ人員で急に販売数を増やそうとすれば、ほぼ間違いなく社員にしわ寄せが行くからです。

社員からすれば、働く時間も労力も今まで以上にかかりますから賃金は上がって当たり前です。かけた時間や労力以上に見返りがあるならまだしも、時間単価で考えると賃下げになることすらあります。ですから、社員のために賃上げをしたいというのなら値上げの一択になるのです。

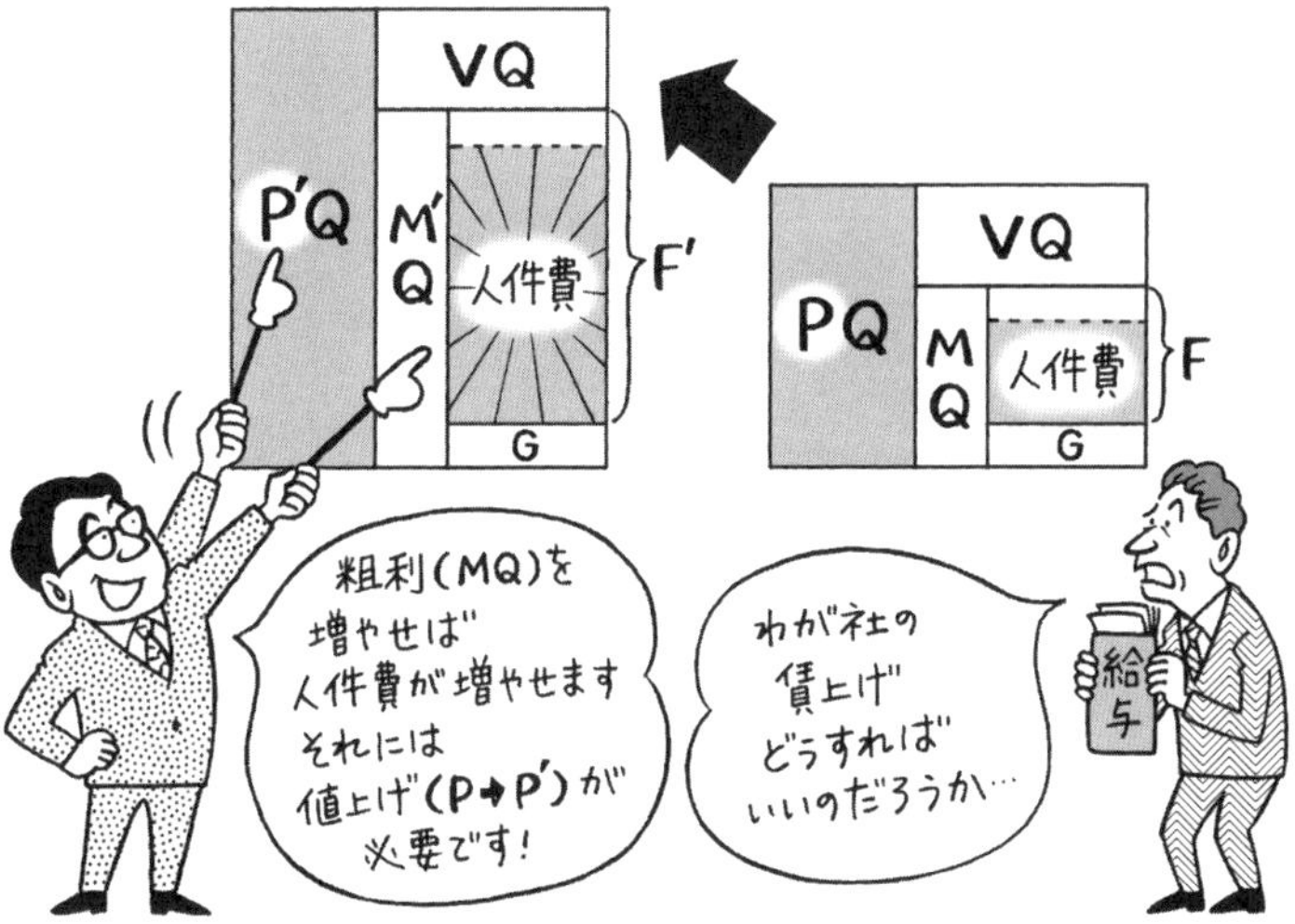

変動P／Lからは「値上げ」一択であることが分かる

この理屈は変動損益計算書（変動P／L）が分かっていればすんなり理解できます。

商品を1種類だけ売っていると仮定し、販売単価をP、販売数をQ、商品1個当たりの変動費をV、固定費をF、経常利益をGとして、変動P／Lを見てみましょう。

値上げするということは販売単価Pを高くしてP′にすることです。すると売上高は、P′Qになり、商品1個当たりの粗利Mも増えてM′となります。人件費は固定費の一部ですから、この増分を原資に充てることができるのです。

中小企業の経営の大きな目的は社員の給料を上げることです。固定費が増えるからといって賃上げを嫌がる経営者がなんと多いことか。粗利を増やすことで社員に報いていく努力を中小企業の経営者は忘れてはいけません。そして、値上げをするからには商品やサービスの付加価値がそれに見合う必要があります。あらためて言うことではありませんが、商品やサービスの価値を上げる不断の努力があることが前提のお話です。

Q17

予想よりも利益が多く出たとき、
内部留保に回すか、
社員に賞与として還元するかの
判断基準はあるのでしょうか。

熱血会計士の回答

皆さんは会社の「利益」とは何か、お分かりでしょうか？

私がセミナーなどで参加者の方に「利益とは何ですか？」と質問すると、「売上高から経費を差し引いたもの」とか、「損益計算書（P／L）の経常利益のこと」といった答えが返ってきます。いわゆる「儲け」のことです。

一般的に「利益」とは損益計算書に記載される「儲け」だが……

これはこれで正しい答えです。P／Lに記載されるいろいろな儲けが「利益」です。

例えば、一般的な損益計算書（P／L）で見ると、利益にもいろいろあります。上から順に、「売上総利益」「営業利益」「経常利益」「税引前当期純利益」「当期純利益」などと書かれているはずです。

「売上高」から「売上原価」を差し引いたものが「売上総利益」。そこから販売費及び一般管理費を差し引くと「営業利益」となります。さらに営業外損益を加減した「経常利益」。さらに「税引前当期純利益」「当期純利益」などが記載されています。

経営のかじ取りに使う経営ツールとしての「変動損益計算書」（変動P／L）を見ると、もっとスッキリと、「売上高」から「変動費」と「固定費」を差し引いたものを「経常利益」としています。

いずれにしても、「利益」と言ったら、P／Lに記載されている「儲け」のことを指す。それが普通の考え方です。

社員と家族を守るためのコストが利益

しかし、利益という言葉にはもっと深い意味があります。

私は社員に「利益は社員と家族を守るためのコストである」と常々説明しています。

もう少し具体的に言うと、例えば災害や大きな事故があって、会社の業務が1年間止まってしまっても、社員とその家族を守っていけるだけの現預金と金融資産が必要で、そのための原資が利益だ、というのが私の考えです。

つまり、利益とはP／Lに記載される「儲け」ではありますが、それだけではなく、内部留保との関係で見るべきものであり、貸借対照表（B／S）の中の項目でもあるということです。

「1年間、業務が止まったら」と考える

中小企業の経営者は、自分の会社がもし1年間、業務が止まってしまったらどれくらいの資金が必要か、さらに業務を再開したときの費用や、業務再開後に想定される売り上げ減の影響などをすべて把握し、想定した上で備えておく必要があります。つまり、それだけの事態になっても、会社を潰さずに、社員にもきちんと給料を支払っていけるだけのお金を用意しておかなくてはならないのです。

ですから、利益が出た場合はまず内部留保にどれだけ回すかを考えます。

必要十分な内部留保があれば、もちろん利

益を社員に対して賞与などの形で分配します。

社員は利益が出れば分配してほしいと思うものです。これは当然のことです。

最近の風潮では、日本の会社は内部留保をしすぎという批判があるのでなおさらでしょう。しかし、利益を社員に分配しすぎて会社が傾いてしまったら元も子もありません。社員のためにと思ってやったことが徒《あだ》になるからです。

ですから、利益とはP／Lを見て分かるものではありますが、その利益をどうするかと考えるときにはB／Sも併せ見る必要があるのです。自分の会社の財務状態、つまり、自己資本比率（純資産÷総資産をパーセントで示したもの）や手元にある「現預金」の額などと照らし合わせた上で、どのように配分するかを考えることが必要です。

利益を毎年積み上げ、いざというときにビクともしない財務体制をつくる

実際に、利益を毎年のように積み上げ、その都度、内部留保をしっかり確保してきた会社は、ある程度以上の現預金と金融資産を持っています。予期せぬ事態で業務が止まっても社員とその家族を一定期間守ることができ、その間に対策を打つことができます。

このように盤石の体制を取ることを優先してから、社員への配分を考えるか、それともある程度配分しながら内部留保も考えていくのかは、社長の考え方次第です。どちらもありだと私は思います。

社長が重視すべきは「稼がなければならない利益」

利益には、「稼げる利益」と「稼がなければならない利益」があります。経営者が重視すべきは後者です。

「最低限、稼がなくてはいけない利益」とは借入金の返済原資、株主配当、役員賞与、これらに加えて将来の設備投資や人件費上昇に備え、事故・災害から会社を守るための内部留保です。会社が稼げる利益より、稼がなければならない利益がはるかに大きいのです。

こうしたことを言葉を尽くして社員に伝え、方針をどうするのかを理解してもらいます。しっかり腹落ちしてもらうことが経営者の務めです。

古田土会計では目標利益を超えたら、超えた額の40％を社員に決算賞与として分配します（20％は税金として払い、残りの40％を内部留保と考えます）。

Q 18

月次決算をしていますが季節変動の影響があり、来月どうなるかという予測が難しいと感じます。

熱血会計士の回答

答えは簡単。「年計グラフにしなさい」です。

月次決算を行うことによって、売上高や粗利益額（粗利）、固定費といった指標を毎月チェックすることは、管理会計の最初の一歩です。

でも、精度の高い経営をしたければそれだけでは足りません。

必ず「年計グラフ」も一緒に見る必要があります。

過去12カ月分の推移を見る「年計グラフ」

年計グラフとは、当該月を含めて過去12カ月間（1年間）の売上高や粗利などを合計して、その推移をグラフにしたものです。

直近の12カ月分（つまり1年分）を累計することで季節変動をなくした状態になるため、業績の傾向やすう勢をより正確に確認することができます。

古田土会計では月次変動損益計算書（月次変動P／L）から、売上高、粗利、固定費、人件費の4つの指標の推移を1枚の年計グラフにまとめ、3年分の変化を折れ線グラフにして示しています。

人件費は固定費の中で最も重要なものですので（93～100ページ参照）、特にこれを取り出してグラフにしています。

すう勢と本質を年計グラフから読む

ある会社（A社）の例を取り上げ、年計グラフから何が把握できるかを見ていきましょう（下のイラストを参照）。

A社は新型コロナウイルスの大流行で、業績が急落してしまいました。しかし、早い段階で様々な対策を打ったことが奏功して、なんとか1年半ほどで売上高、粗利共に底を打たせることに成功しました。そこからは順調に回復しています。

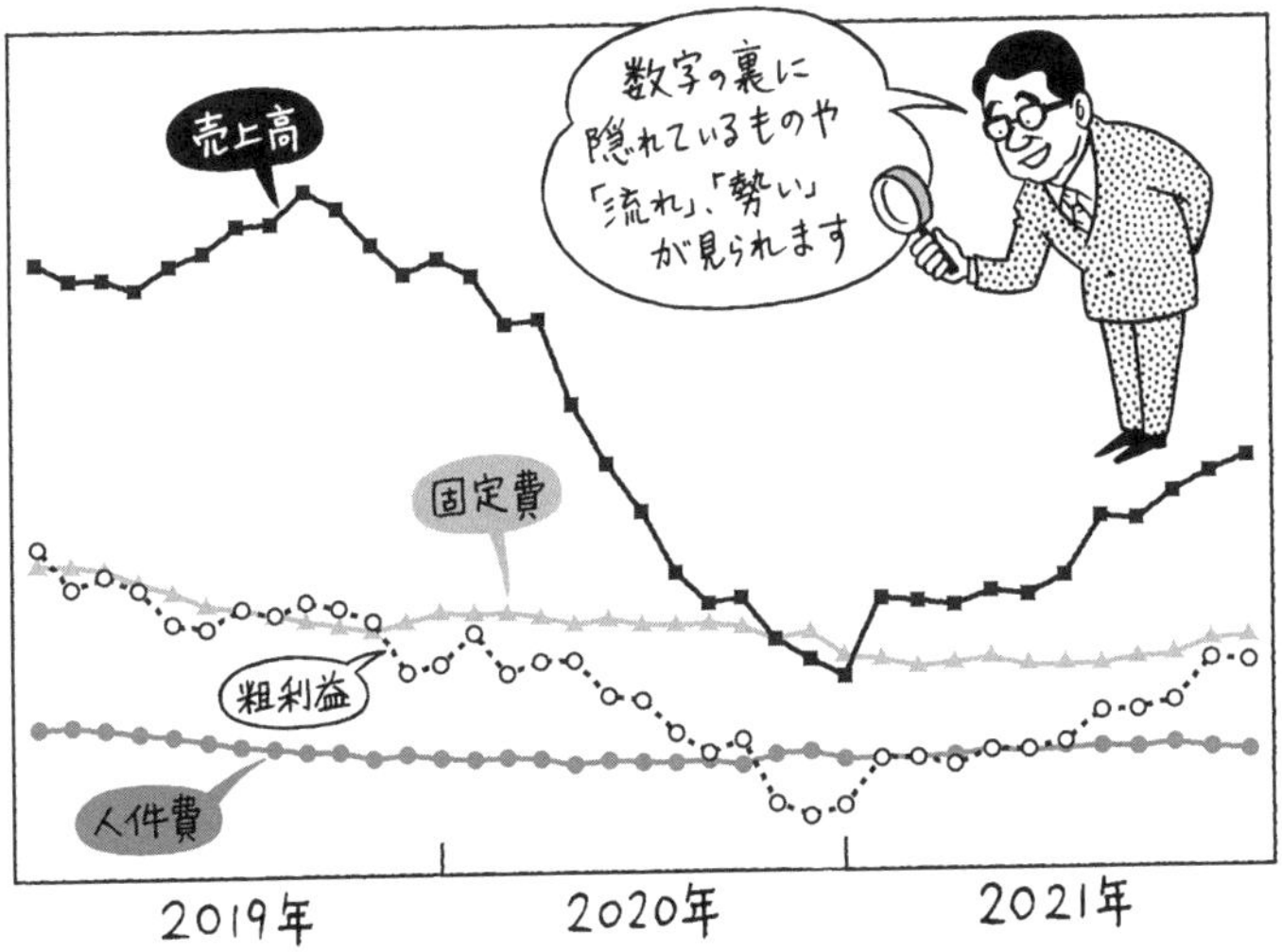

A社の年計グラフの売上高と粗利を見ると、コロナ禍以前の水準にはまだ届いていませんが、ちょっとしたV字回復の形になっていることが分かります。

このグラフを見て「もう安心。後は順調に回復するだけだ」と考える経営者は多いでしょう。おおむねその判断で正しいのですが、さらに一段きめ細かく「このままの流れなら赤字が消えそうだ。だけど油断せずに、もうひと踏ん張り必要」と読み取るのが正解です。

売上高と粗利だけを見ていては判断を誤ります。グラフから読み取るべきは、粗利と固定費の関係（差額や比率）、固定費の中で大きな割合を占める人件費の推移等です。

売上高同様に回復基調の粗利は、金額的にはまだ固定費よりも下回っています。つまり、経常利益（粗利－固定費）は赤字のままです。固定費は一貫して削減努力を続けていますので、このまま手綱を緩めずに粗利を引き上げ、固定費の漸減ができれば、黒字転換は間近と言えます。

「損益分岐点比率」、「労働生産性」（粗利÷人件費）も年間の推移をグラフにできます。こうしたグラフからは業績のすう勢だけでなく、数字の裏に潜む本質が読み取れるのです。

Q19

目指すべき高収益体質の会社とは、どのような会社のことですか？

熱血会計士の回答

私の答えは明快です。

次の3つの指標をすべてクリアした会社が、高収益体質の会社です。

(1)「損益分岐点比率」が80%以下

(2)「1人当たりの経常利益」が250~300万円以上

(3)「1人当たりの給与(年間の総収入)が平均年齢の15倍以上

どれか1つだけではいけません。右の3つの指標を全部兼ね備えている会社が高収益体質の会社です。1つずつ詳しく見ていきましょう。

高収益の条件 その❶ 損益分岐点比率が80%以下であること

1つめの「損益分岐点比率」とは、損益分岐点比率=固定費÷粗利益額(%)の式で表すことができます。

粗利の中に占める固定費の割合をパーセントで示したものが損益分岐点比率です。これは、私が、特に重要視している経営指標の1つで、業種によらず収益性を示すものです。この数字が低ければ低いほど高収益であることを示します(損益分岐点比率について詳しくは63～68ページ参照）。

会社を経営したり業績を評価したりする際に使われる経営指標には様々なものがありますが、損益分岐点比率は損益計算書（P／L）から算出できる指標の中でも最重要指標です。粗利益額（粗利額）とは固定費と経常利益の合算ですから、利益（経常利益がプラス）が出ている場合には損益分岐点比率は必ず１００％以下になります。

古田土会計では、中小企業の場合、損益分岐点が80％以下であることを高収益企業の目安としています。80～90％の範囲内でも中小企業では結構頑張っている会社だと言っていいでしょう。

高収益の条件 その❷ １人当たり経常利益が２５０～３００万円以上であること

２つめの「1人当たり経常利益」も、勝るとも劣らず重要です。

多くの人は、会社の経常利益を見る際に、どうしても金額で見てしまいます。

例えば、グループ全体で約40万人の従業員を抱え、連結の売上高が45兆円強、経常利益が約7兆円という超弩級の高収益体質企業があったとしましょう（実際にあります。仮に

A社としましょう）。A社は「1人当たりの経常利益」でも1750万円近くあります。間違いなく高収益体質の会社であると言えます。

しかし、何らかの経営の失敗によって、経常利益が4000億円程度に急減してしまったらどうでしょうか。実際にこういうことは起こり得ることです。1人当たりの経常利益は、100万円程度になってしまいます。

4000億円の経常利益というと一見、ものすごい金額に思えますから、多くの人が高収益企業だろうと考えるでしょう。しかし、1人当たりの経常利益で計算すると、高収益であるとまでは言えないのです。少なくとも、私の物差しでは高収益企業の要件から外れます。

古田土会計のお客様で見ると、1人当たりの経常利益が1000万円超の会社は、私が担当しているところだけでも3社あります。それぞれ、社員が100人で経常利益16億円、60人で12億円、30人で3・9億円です。いずれも中小企業ではありますが、世界的大企業であるA社に比べても遜色のない立派な数字です。

さらに、高収益の条件である1人当たり経常利益250万円〜300万円のクラスの会社になると、相当な数があります。

古田土会計では、1人当たりの経常利益は製造業や卸売業で300万円、労働集約的なサービス業などで250万円以上あることを高収益の目安としています。

高収益の条件 その❸ 1人当たり給与(年間の総収入)が平均年齢の15倍以上

3つめの指標は、「きちんと社員に報いているかどうか」を見るものです。

これができていなければ、社員から搾取をして数字を出していると言われても仕方がありません。

たとえ損益分岐点比率や1人当たりの経常利益が良い数字であっても、社員の平均給与が世間相場以下なら、社員から搾り取って数字をつくっているだけです。ブラック企業の恐れがあります。

最初の2つの条件をクリアした上で、1人当たりの年間の総給与が、社員の平均年齢の15倍以上であることを最低限の基準とします。目標として、平均年齢が30歳代の会社は600万円以上、40歳代なら700万円以上払えるようになれば十分、高収益体質だと言えるでしょう。

私たちはこの3つめの条件を、県庁職員の年間給与(賞与を含みます)を目安として設定しています。地方都市においては県庁(道庁や府庁も含みます)職員の所得が地域で最も高いというところが多く、中小企業としては県庁並みの給与を支払っていれば経営者は胸を張ることができるからです。

私は、3つの条件の中でいちばん重要なものが、この「1人当たりの給与」だと思っています。つまり、社員に報いた上でなお、損益分岐点比率と1人当たり経常利益を水準以上にできている会社こそ、真の高収益体質と言うことができます。

第2章

「B／Sを読む」経営の真髄

P／Lは「見る」もの、B／Sは「読む」もの。
B／Sを読みこなすことが、確固とした
財務体質構築への第一歩になります。

Q20

損益計算書（P／L）に比べて、貸借対照表（B／S）はどうも読み方や使い方が難しくよく分かりません。

熱血会計士の回答

貸借対照表（B／S）の本質とは「会社の財産と借金のリスト」です。「B／Sは、損益計算書（P／L）に比べて分かりにくい」とよく言われますが、「会社の財産と借金のリスト」であると考えれば直感的に理解できます。会計のプロとして考えてみても、まさに言い得て妙な表現です。

B／Sとは「会社の財産と借金のリスト」

P／Lは、「売上高」から「売上原価」と「販売費及び一般管理費」といった費用を差し引いて利益（あるいは損失）がどれくらい出るかを示すものですから、単なる引き算で、直感的に把握できます。しかし、B／Sは確かに分かりにくいのです。

私たちのお客様を別にすれば、中小企業経営者のほぼ全員、大企業経営者も多くが、また、税理士や公認会計士の中でも一部の人は、B／Sとは何かがよく分かっていません。でも、「B／Sは財産と借金のリストなんですよ」と説明すると皆さん、すぐに腹落ちします。

まずは、B／Sの左右2列から成る表を思い描いてみてください（左のイラストを参照）。左側の列には、会社が所有している財産がその額と一緒に全部並んでいるはずです。上のほうには「流動資産」がまとまっていますし、下のほうには「固定資産」や「その他の資産」などが記載されていますよね。大項目にはすべて「資産」と書かれているのが分かると思います。

つまり、B／Sの左側は、いま現在、会社が所有している「財産リスト」なのです。

今度はB／Sの右側の列を見てみましょう。

上から順に「負債」「純資産」（あるいは「自己資本」）という文字が目に留まるはずです。

こちらは、言わば「資産の購入に使ったお金の調達リスト」です。B／Sの右側には「借りたお金」と「返さなくていいお金」がズラリと並んでいると考えればいいのです。金額と一緒に記載されている「お金の調達リスト」が

会社の財産
資産の部
科目
金額
【流動資産】
現金及び預金
受取手形
売掛金
有価証券
立替金
前払費
短期貸付金
【固定資産】
【有形固定資産】
建物
機械装置
車両運搬具
土地
【無形固定資産】
電話加入権
ソフトウエア
【投資その他の資産】
投資有価証券
出資金
保険積立金
資産の部合計
資産
負債の部
科目
金額
【流動負債】
支払手形
買掛金
短期借入金
未払金
未払法人税等
預り金
【固定負債】
長期借入金
負債の部合計
負債
純資産の部
【株主資本】
資本金
資本剰余金
資本準備金
利益剰余金
利益準備金
その他利益剰余金
繰越利益剰余金
純資産の部合計
負債及び純資産の合計
純資産
借りたお金
返さなくていいお金
B/Sは会社の財産と借金のリストなのです

B／Sの右側の意味です。

整理すると、B／Sとは、「買ったもので今もあるもののリスト」(左)と、「そのためのお金の調達リスト」(右)を1つの表にまとめたものです。言わば「調達したお金で買ったものの表」ですから、左右の総計は必ず一致します。左と右がバランス(つり合う、均衡するの意味)するので「バランスシート」と呼ばれます。英語ではBalance Sheetとなりますから、この「B」と「S」の2つの頭文字を取ってB／Sと書かれるのです。

いかがでしょう。B／Sの本質がいくぶんつかめたのではないでしょうか。

ここからはもう一段踏み込んで、理解を深めてみます。

B／Sを深く理解するためのコツが2つあります。呪文のように言うと、「右から左」そして「上から下へ」です。ここからはそれぞれについて説明していきます。

右から左へと読んで直感的に理解する

B／Sを理解するための1つめのコツは、「右から左へと見る」ことです。

つまり、右にある「調達リスト」から左に置かれた「財産リスト」へと視線を動かしてみると、直感的に意味がつかめるようになります。これは、右側にある「借入金や自社のお金」で、左側にある「会社の資産＝財産」を買った、と考えればいいからです。

例えば、取引先に1000万円の「支払手形」を振り出して、商品1000万円分を仕入れたとすると、B／Sの右側には「支払手形」という「負債」が1000万円分記録され、同時に、B／Sの左側には「商品」という資産＝財産が1000万円という金額と一緒に記録されます。

右には調達手段が、左にはそれで手に入れた財産が記載されるわけです。

もう1つ例を示しましょう。

銀行から返済期限5年の「長期」で1億円を借り入れたとします。このとき、B／Sの右側に「長期借入金」が1億円、左側には「現預金」が1億円分と記載されます。右側に調達手段、左側に借り入れによって手に入れた「現預金」が記載されるわけです。

このようにB／Sは、右でお金を調達して、買ったものを「左」に置くと考えればとても分かりやすいのです。まさしく会社の財産リストであり、調達（借金）のリストでもあることが理解できると思います。

「上から下へ」と読み下す

もう1つのB／S理解のコツは、「上から下へと読み下す」ことです。

こうすることで、さらに一段、B／Sの理解が深まります。

実際のB／Sを見てみましょう。まずは、左側の「資産＝財産リスト」からです。

上のほうに「現金及び預金」をはじめとして、「受取手形」「売掛金」などが並んでいるのが分かると思います。これは、いわゆる「流動資産」と呼ばれるもので、下のほうには、「建物」「設備」「土地」などが書かれているはずです。いわゆる「固定資産」ですね。

このように、B／Sの左側は、上に「流動資産」が書かれ、下に「固定資産」が記載されます。この順番は変わりません。そう書かれるのが会計のルールなのです。

資産の部	
科目	金額
【流動資産】	
現金及び預金	・・・
受取手形	・・・
売掛金	・・・
有価証券	・・・
立替金	・・・
前払費	
短期貸付金	
【固定資産】	
【有形固定資産】	
建物	
機械装置	
車両運搬具	
土地	
【無形固定資産】	
電話加入権	・・・
ソフトウエア	・・・
【投資その他の資産】	
投資有価証券	・・・
出資金	・・・
保険積立金	・・・
資産の部合計	・・・

つまり、B／Sの左側の財産リストは、上にあるものほど現金にしやすい（換金しやすい）流動性の高い資産が、下のほうには現金化しにくい（あるいは現金化するのに時間がかかる）固定的な資産が置かれるのです。

「流動資産」の中も「上から下へ」ルールで統一されています。上にあるものほど現金化しやすいものです。「流動資産」のいちばん上には「現預金」や「現金及び預金」などと記載されます。実際に手元にある紙幣や貨幣、あるいは預金です（普通や当座など金融機関の口座に入っているお金）。預金も普通預金ならATMですぐ引き出せますし、オンライン決済なら土日祝日以外は現金と同じです。

その下には、「受取手形」。これも割り引いたり裏書きしたりすれば割とすぐに現金化できます。さらに下へ「売掛金」「有価証券」など現金化しやすい順に続きます。「流動資産」の中も、上にあるものほど現金化しやすい並びになっているのが分かると思います。

「固定資産」のほうは、上から「建物」「機械や設備」「車両」「土地」などが並んでいます。

これらは必ずしも「上から下へ」ルールではありませんが、ひとまとめにして「現金化しにくいもの」や「現金にするために時間がかかるもの」が「流動資産」の下のほうに置かれるのだと考えてください。

B／Sの右側は「借りたお金」と「自分のお金」に分けられる

では、B／Sの右側はどうでしょうか。こちらのほうは「負債」と「純資産」（＝自己資本）のブロックに分かれています。上のほうが「負債」、つまり「借りたお金」。下のほうが「純資産」。「自分のお金」であり「自己資本」とも呼びます。つまり、B／Sの右側は「上のほうに返さなくてはいけないお金、下のほうに自分のお金」が並びます。

「負債」の中も上のほうほど早く返さなくてはいけない「流動負債」、下にしばらく先に返済する「固定負債」が並びます。「純資産」は、上から「資本金」「資本剰余金」「利益剰余金」などと流動性に関係なく並びは決まっています。

このようにB／Sは「右から左へ、上から下へ」読み解くと本質をつかめるのです。

本質を理解したら、次はその「目的」です。

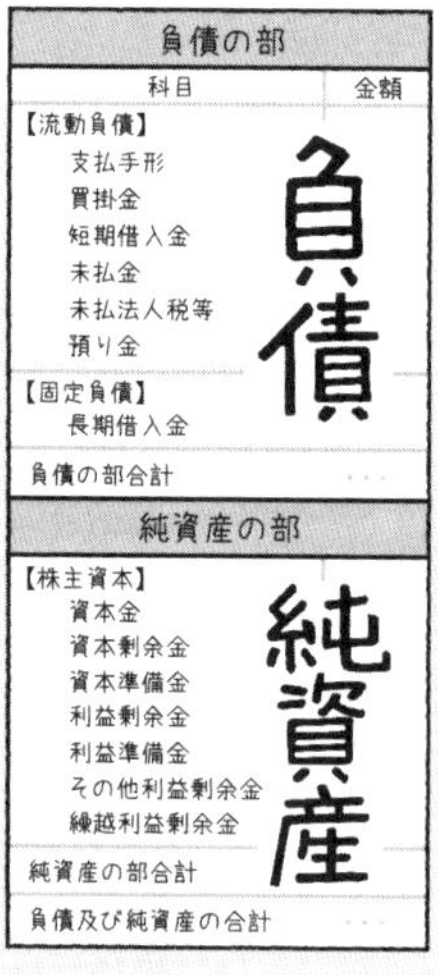

自己資本比率を上げ、負債に対して現預金を増やすのがB／Sの目的

私は「B／Sの目的」とは何かと問われれば、「自己資本比率を上げ、負債を支払える現預金を十分手元に持つこと」と答えます。すなわち、リスクに強い財務体質をつくり、併せて収益を上げやすい体質にすることです。

B／Sから導ける指標の中で、私が最も重要だと考えているものが「自己資本比率」です。「自己資本比率」は、B／Sの「総資産額」と「自己資本」（純資産）から求められる指標で、「会社のお金のうち自分のお金はいくらか」をパーセントで示したものです。式で表すと、

自己資本比率＝自己資本（純資産）÷総資産（総資本）（％）

です。会社の安全度を測るとても重要な経営指標です。これを常にチェックしながら経営の安全性を把握し、ことあるごとに高くしていくのが経営者の大事な仕事です。

中小企業の場合、この自己資本比率はかなり低いところが多いのです。あなたの会社の自己資本比率が15％以下なら、いつ倒産するか分からない危険な状況にあると思ってください。早急な改善が必要です。まずは、最低限30％以上になることを目指してください。簡

単ではありません。長期展望を持って、じわじわ上げていくしかないのですが、頑張るしかありません。中小企業の理想は60％以上です。そこに向かって改善あるのみです。

自己資本比率を上げ、現預金を増やすためにすべきこと

自己資本比率を高めるには、まずは利益を上げしっかりと内部蓄積を増やすことが大事です。そして、不要な固定資産を売却したり売掛債権の回収を進めたりして総資産を圧縮し、借入金を返すことが王道です。売却や回収でできた現金で借入金を返済します。資産が減り、同額の負債が減るので、自己資本比率の分母の総資産が小さくなります。

同時に毎月の借入返済額が減っていきますから、キャッシュフローは楽になります。「現預金」は「金融負債」の総額を超えることを目指します。この状態を実質無借金と言います。これだけの「現預金」を蓄えることがもう1つのB／Sの目的です。

B／Sの本質を知り、活用できるようになると、長期的視点で財務体質を改善できます。これこそ会社を高収益体質にしていくことであり、中小企業では社長の仕事です。

Q21

B／Sは「右から左へ読みなさい」という意味が、今一つピンと来ません。もう少し詳しく教えてください。

熱血会計士の回答

前の節で、貸借対照表(B/S)は「右から左へと読めば分かる」と書きましたが、少し分かりにくかったでしょうか。

実際に調達したお金(右)がどのように使われ(左)、B/Sに記録されていくのかを、会社の動きとお金の流れを実際にたどると理解できると思います。

以下、少し詳しく見ていくことにしましょう。会計処理の細かいことまで知る必要はありません。大まかな流れをつかめば、もう一段深くB/Sが理解できます。

銀行からの長期借り入れで製造装置を購入する事例を考える

ここでは、銀行から1000万円を返済期間5年で借り、このお金で700万円の製造装置(機械)を買う場合を考えてみます。

返済期間は5年間ですので、この借入金は「長期借入金」ということになります。

銀行からの融資が決まると、すぐに銀行口座に入金されます。

口座への入金があった時点で、経理部門は、「現金・預金」(あるいは「現預金」)という資産が1000万円増え、「長期借入金」という「金融債務」が1000万円増えたことを会計ソフト（あるいは会計システム）に記録します。

聞いたことがあるかもしれませんが、これは「仕訳」（しわけ）という会計処理です。経理が会計ソフトに「銀行から長期借り入れで1000万円融資を受けた」ということを入力・記録するのです。すると、会計ソフトは瞬時にB／S右側の「長期借入金」を1000万円、左側の「現金・預金」を1000万円増やします。借り入れで調達し、現預金という財産を手に入れたことになります。借り入れ前に比べ、B／Sの高さが1000万円分高くなります。これは、総資産が1000万円多くなることを意味しています。

借り入れ前に既に長期借入金があった場合と、初めての長期借り入れでは様子が違ってきます。前者では既にあった長期借入金に1000万円が「加算」されます。後者は、初めての長期借り入れなので「長期借入金」の勘定科目が0円から1000万円になります。

手に入ったお金で700万円の製造装置を購入

次に、銀行から借りたお金で製造装置を買うと、B／Sはどう変化するでしょうか。

購入価格は700万円です。メーカーとの取り決めで、支払い決済完了時点で、所有権が移動するという契約の場合を考えてみます。

経営者（あるいは購買責任者）から決済してと依頼された経理は、メーカーの口座に700万円の振り込みをします。同時に会計ソフトに対して、700万円の「現金・預金」を使って700万円の「機械・装置」を買ったことを入力します。

会計ソフトは、これもまた瞬時にB／S左側の「現金・預金」を700万円減らし、その下にある「機械・装置」を700万円増やします。B／Sで左上の「現金・預金」を下方の「機械・装置」に付け替えるだけなので、B／Sの高さは変わりません。また、銀行から借りた1000万円のうち、300万円はそのまま口座に残ります。

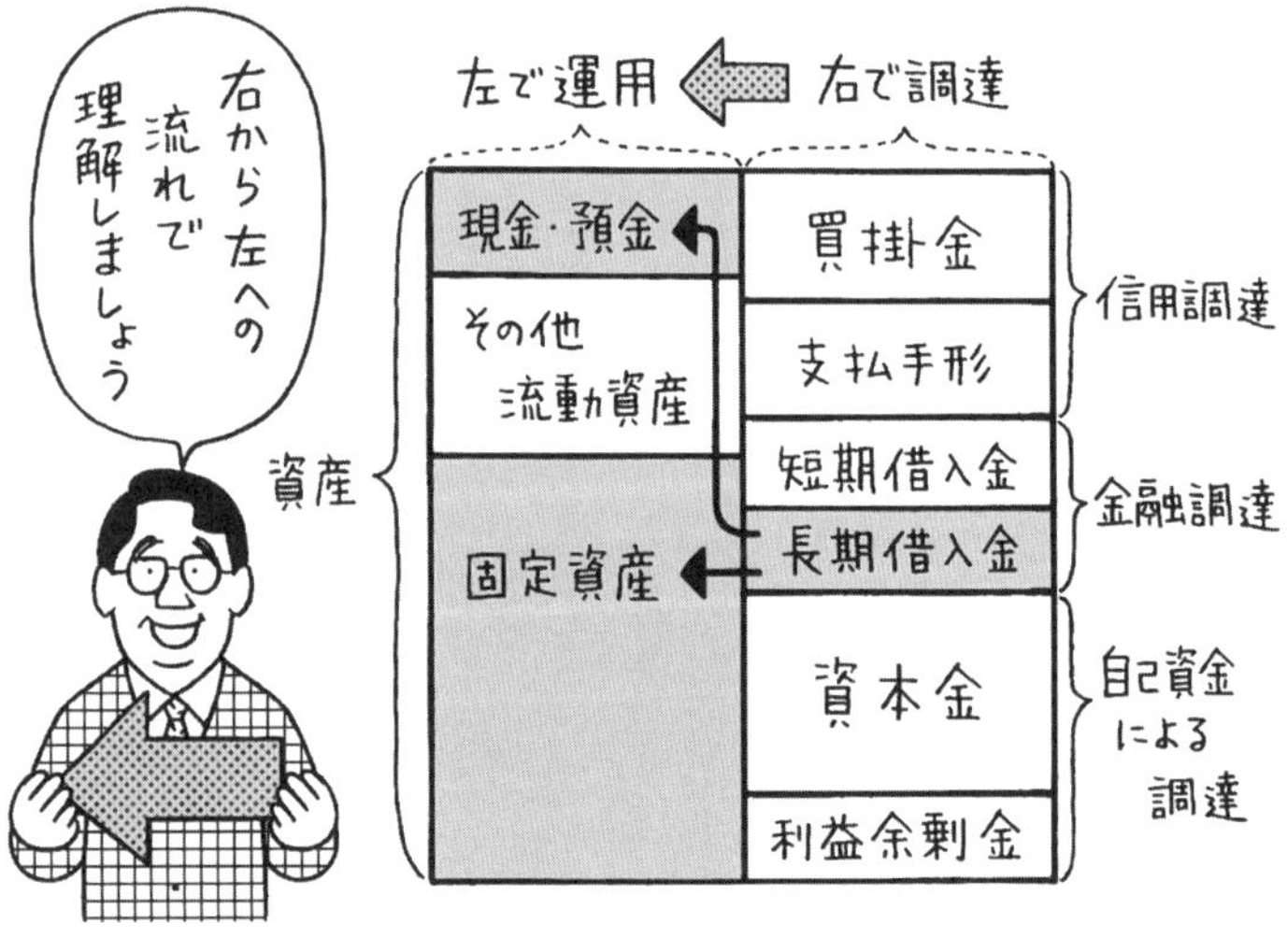

この処理で変わるのはB／S左側の「財産リスト」のほうだけです。B／S右側の調達リストのほうは何も変わりません。

1000万円借り、700万円の機械と300万円の預金を手に入れた

このような一連の手続きをした後のB／Sがどう変化したか整理してみましょう。

B／Sの右側には「長期借入金」という調達方法が1000万円分記録されています。左側には700万円の機械と300万円の預金（勘定科目としては現金・預金）が記載されます。

長期借入金で新たに1000万円借りたのですから、B／Sの高さは左右共に1000万円分高くなります。総資産は1000万円増えたことを意味しています。

このように、銀行からの借り入れで1000万円調達したことがB／Sの右に記載され、買ったもの（製造装置）と購入代金を引いた額がB／Sの左に資産として記録されます。お金の流れが右から左へと記録されながら、形を変えて流れていくイメージを描くのです。

このように見ることで、B／Sの本質をつかみやすくなります。

B／Sの右側には「お金の調達方法が金額と共に記録される」。そして、B／Sの左側には「調達したお金で購入した会社の財産が金額と共に記録される」のです。

B／Sも時々刻々と姿を変えている

B／Sは、会社が何かの取り引き、活動をするたびに時々刻々と形を変えています。現預金は常に出入りがありますし、借り入れたり返済したりすれば借入金の額も変わり、現預金の額も増減するはずです。

「貸借対照表（B／S）はストック情報であり、損益計算書（P／L）はフローの情報である」とよく言われますから、B／Sは1年を通じて変わらないと誤解している人が結構います。しかし、実際は違います。

B／Sも時々刻々、会社の活動と共に変化をしているのです。

B／Sがストック情報だという意味は、創業から現時点まで、過去からのいろいろな取り引きや活動の結果が調達リスト、財産リストとしてまとまっているということです。負債や資本、そして会社が持っている資産にどう反映されているかを示しているのです。

私たちが日頃目にしているB／Sは、その記録をその時点で切り取って見せてくれているものであり、常に変貌していくものです。

また、借り入れや返済、取引先への支払いなどの決断は中小企業の場合、社長がすべきことであり、社長しかできないことです。社長にとって「B／Sを読む」経営が必要な理由がこれで分かると思います。

「流動資産」「流動負債」は毎日変わる

毎日の取り引きや活動などで、日々変わる最たるものは「流動資産」「流動負債」です。前者なら「現金・預金」や「売掛金」「受取手形」などですし、後者なら「支払手形」「買掛金」「短期借入金」などになります。調達したお金は、販売や製造などの行為を経て、売掛金、受取手形などの「売掛債権」や在庫商品などの「棚卸資産」に変わったり、お札や硬貨などの「現金」、金融機関に預ける「預金」という形に変わったりします。あるいは、土地・建物等の「固定資産」にも形を変えます。

ただ「固定資産」や「固定負債」は頻繁には変わりません。

今回ご説明した機械や車両などの固定資産については、購入は年に1度あるかないかでしょうが比較的頻繁なほうです。土地や建物となるとかなり稀です。

B／S右側下にある純資産(自己資本)については、P／Lの「税引後利益」がB／Sの「利益剰余金」として積み上がっていくことを意識しておきましょう。「資本金」はほぼ変わりません。変わるのは、増資をして「資本金」を増やすときだけです。

もう1つ覚えておきたいことがあります。負債は、誰から借りたかによって「信用債務」と「金融債務」に二分できることです。取引先への支払いが必要なのが「信用債務」。「支払手形」や「買掛金」などです。銀行への返済が必要なのが「金融債務」です。さらに、「金融債務」は返済期間が1年未満のものが「短期借入金」、1年以上のものが「長期借入金」です。「信用債務」を「信用負債」、「金融債務」を「金融負債」とも言います。

こうしたことを頭に入れておけば、B／Sの理解は万全です。ぜひ、あなたの「B／S を読む経営」に役立ててください。

Q22

B／Sはどのように経営に生かせばいいのでしょうか？

熱血会計士の回答

私はいつも、お客様である中小企業の経営者の方に「B／Sを読む経営」をしてください、とお伝えしています。

これは、経営者の大きな仕事は「貸借対照表」(B／S)を改善していくことだと考えているからです。

B／Sは会社の財務体質を表す健康診断書であると言いました(19〜21ページを参照)。健康診断書であるB／Sを常にチェックして、体質改善に努めていく、会社の財務状態を健康にしていくことは経営者の大事な仕事です。会社の財務状態を健康にするというのはたとえですが、具体的には、会社の財務状況を倒産しにくいように安定化させ、利益が出やすい体質に変えていくことです。経営の中長期的な仕事にほかなりません。

B／Sの「形(かたち)」を中長期的に整えていく

では、具体的には何をすればいいのでしょうか。

ヒントは「B／Sの形(かたち)」にあります。B／Sの形を意識して改善を続けていくのです。

私は、たとえを使って次のように表現しています。

「B／Sの左側にある『財産リスト』を筋肉質の逆三角形にしていき、右側の『調達リスト』を裾野の広い富士山型の三角形にしていくことがB／Sの改善であり、この改善こそが経営者の仕事です」と……。

B／Sの左側は「筋肉質の逆三角形」に

以下では、この意味について詳しく説明していきましょう。

B／Sの左側を逆三角形にするというのは、上のほうに置かれた「流動資産」の金額を増やしていき、下のほうにある「固定資産」の金額を減らしていくことです。

つまり、最も増やすべきは「現預金」、次に現金化しやすい「流動資産」をできる限り増やすこと。加えて、現在も今後も使う見込みがない固定資産をさっさと適正価格で売却し現金化すること。要するに、いざというときに返済や支払いに使える「現預金」を手元に多く置き、無駄な「固定資産」をなくす身軽な財産リストにしておきましょうということにほかなりません。

いまも、そしてこれからも使わないような固定資産は持っていること自体が無駄です。固定資産税だって馬鹿にならないのですから、使うのか使わないのか経営者はハッキリと見極めて、要らないならさっさと売却して現金化する。そして借入金の返済や未来への投資に使えばいいのです。

土地に関しては今後の値上がりなどを期待して「いざというときの財産だ」という考えもありますが、私に言わせれば、「そんなことに期待するよりも、本業に生かすならさっさと生かしてください。そうでないなら、さっさと手放して財務状態を良くしなさい」ということです。無駄なら売却して現金化し、本業と未来のために使うべきです。

無駄な固定資産が減り、現預金や換金しやすい流動資産が増えると、B／Sの左側は上のほうの勘定科目の金額が大きくなり、下のほうは小さくなっていきます。あたかも、アスリート体形のように逆三角形になっていくのです。

B／Sの右側は「安定した富士山型」を目指す

一方で、B／Sの右側は、ちょっとやそっとではぐらつかない「安定した富士山型」を目指します。

どう目指すか。

いくつか方法がありますが、まずは王道の方法から見ていきます。

本業を頑張って着実に毎年利益を上げ、年度末には「税引後利益」をB／Sの「利益剰余金」に積み増していく。これは「内部留保を増やす」ということです。地道に本業を頑張りなさい、ということは真っ先に申し上げねばなりません。下手な節税に走らず「純資産」を年々大きくしていくのです。これに関しては近道はありません。

あとは、先ほどB／Sの左側の逆三角形を目指すときに、無駄な固定資産を売却しなさいと言いましたが、この売却でつくったお金

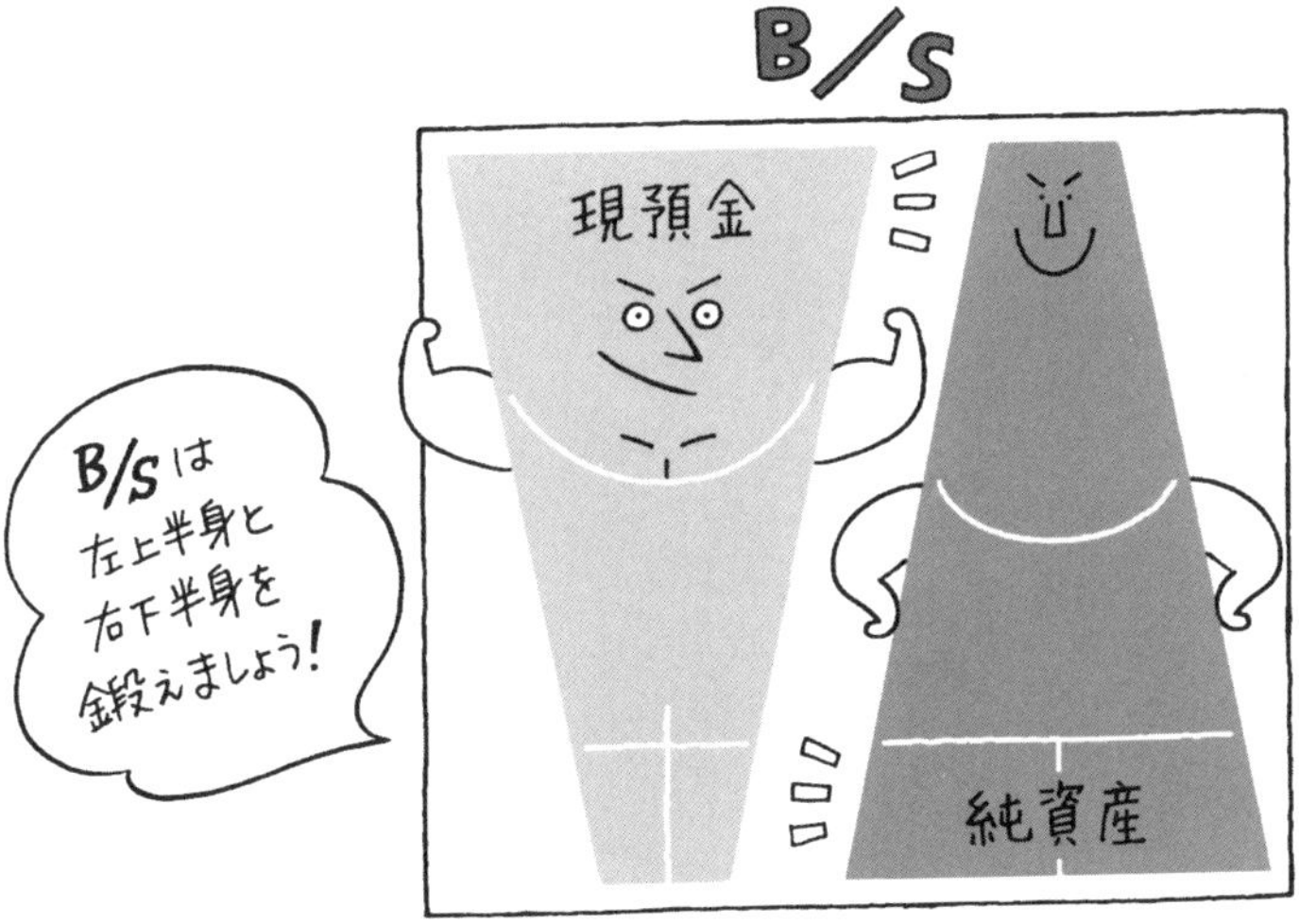

で、借入金の元本が減るように返済を進めることです。こうして、B／Sの右側にある「短期借入金」や「長期借入金」の元本を減らしていきます。「現預金」が増えて「金融債務」より多くなれば事実上の無借金経営です。

固定資産の売却でこしらえた「現預金」で「借入金」を返済すると、B／Sの高さ、専門用語で言うと総資産（総資本とも言う）が減ります。いわゆる「資産の圧縮」ができ、自己資本の比率が高まり経営は安定します。同じ富士山型でも標高が低いほど倒れにくいのです。倒れにくいという意味は、「自己資本比率が高くなると経営は安定する」というのと同じことです。経営の安定度を測る「自己資本比率」は純資産÷総資産（％）で表せますが、分母である「総資産」が減ると、分子の「自己資本」（＝純資産）が増えなくても自己資本比率は自ずと高くなります。

B／Sの形を常に意識して改善していくことで経営は安定し、利益が出やすい体質になります。B／Sの改善は経営者の腕の見せどころです。

Q23

銀行からの「借入金」を減らしていきたいのですが、どのくらいまで減らせばいいのでしょうか？何か目安はありますか？

熱血会計士の回答

私がお客様である中小企業の経営者にお勧めしているのは、いまは無理でもいずれ「無借金経営を目指しましょう」ということ。そして、この目標はすぐには達成できませんから「ステップを刻んで段階的にB／Sを改善して実現しましょう」ということです。

「ある程度の借金をしたほうがいい」というウソ

経営コンサルタントの中には「ある程度の借金をしたほうがいい。無借金の会社には銀行はお金を貸さない」ということをまことしやかに言う人がいますが、これは間違いです。

上場企業のような大企業は別として、中小企業は財務体質が弱いため、何かアクシデントがあればすぐさま倒産の危機に見舞われます。一定の現預金を確保しながら、必要なときにはしっかりと借りるにしても、長期的には「借入金」を減らす方向で、経営の安定化を目指すことが上策なのです。

こうすれば、次第に経営の安全性を示す指標である「自己資本比率」は上がっていきます。

自己資本比率は、B／Sから計算でき、式は「**純資産÷総資産（%）**」で表されます。私が最も重視している経営指標の1つです。逆に言えば、この自己資本比率を定点観測して、継続的に高める方向で努力を続けていけば自ずと借入金は減っていきます。だんだんと「無借金」に近づくことになります。

さらに並行して、B／Sの「現預金」を増やす努力も行います。「短期借入金」や「長期借入金」などの金融債務を減らしながら、現預金を増やすことになりますので、難しいのですが、これもなんとか頑張って続けていきます。

そうすると、いずれ現預金が金融債務の額を超えて「事実上の無借金経営」状態になります。この延長線上に金融債務がゼロとなり、かつ十分大きな現預金が手元にある、理想のB／S、「完全な無借金経営」が見えてくるのです。

経営者には、自己資本比率を上げることと、現預金を増やし、金融債務を減らしていくこと、この二点を常に念頭に置き、B／Sの改善を目指していただきたいのです。

3ステップで「無借金経営」を目指す

中小企業が「無借金経営」を実現するまでの道のりは長く険しいものです。

長期的な目標を見据えて、不断の努力を続けていく以外に手はないのです。

基本は本業を頑張ることです。毎年、売り上げを上げ、利益を上げ、手元の現預金を常に増やしていく。同時に売掛債権の回収は着実に行い、借入金は元本の返済を進めて減らしていく。毎年決算では「税引後利益」を「利益剰余金」として内部留保を増やす……。こういう事業の王道を着実に実践していくことが唯一の道です。一朝一夕には実現できるものではありません。時にはくじけそうになることもあるでしょう。

ですから、中間目標を設定し、それを達成したら次の目標に向かうという、段階的な努力をしていくことが重要です。私は次の3ステップで考えることをお勧めしています。

ステップ1は、借金が増え、自己資本比率が低くなってもよいので現預金を総資産の30%以上保有すること。資金繰りを改善し、首が回るようにするのです。

ステップ2はここから純資産を増やして金融債務を減らし、「信用債務(信用負債)」と「金融債務(金融負債)」、「純資産」を均等に総資産の1／3ずつにし、「現預金」も1／3にすることです。「現預金」が「金融債務」以上になれば「実質上の無借金」経営となります。

ステップ3は、「金融負債」がゼロ。「純資産」が総資産の2／3、「現預金」も2／3とすることです。完全な「無借金経営」です。

以下、それぞれのステップを詳しく見ていきましょう。

ステップ1●銀行の融資先として適格になる

この段階はまず、現預金を総資産の30％相当に増やします。借り入れが必要なので当然、自己資本比率は下がりますが、手元流動性を確保して、資金繰りに詰まって倒産することのないように手当てをすることを優先します。借入金を返し急いではいけません。

そうして、自己資本比率として30％を目指すのです。銀行は自己資本比率が15％程度は倒産リスクが高いと判断します。これが30％以上あればかなり安心します。最低限、銀行の融資先として適格になりましょう、ということです。もし現在の自己資本比率が15％レベルなら、数年かかるような中長期的な改善が必要です。

ステップ2●事実上の無借金経営

ステップ1をクリアしたら、次に目指すべきステップ2は、私が「1／3モデル」と呼ぶ安全性と収益性のバランスの取れた状態です。

B／Sの右側にある「信用負債」「金融負債」「純資産＝自己資本」をそれぞれ総資産の1／3とし、B／Sの左側にある「現預金」も総資産の1／3以上にするのです。「現預金」で「金融負債」を賄えますから「事実上の無借金経営」です。取引先への支払手形や買掛金の支払いなど、「信用負債」で急きょ支払いが必要になったときにも対応でき、倒産リスクを最小限にできます。中小企業は、ここまで来れば優良企業と胸を張れます。

なお、「信用負債」は支払手形や買掛金など取引先への支払い義務があるもの。「金融負債」は短期借入金や長期借入金などです。「純資産」は資本金や利益剰余金などになります。

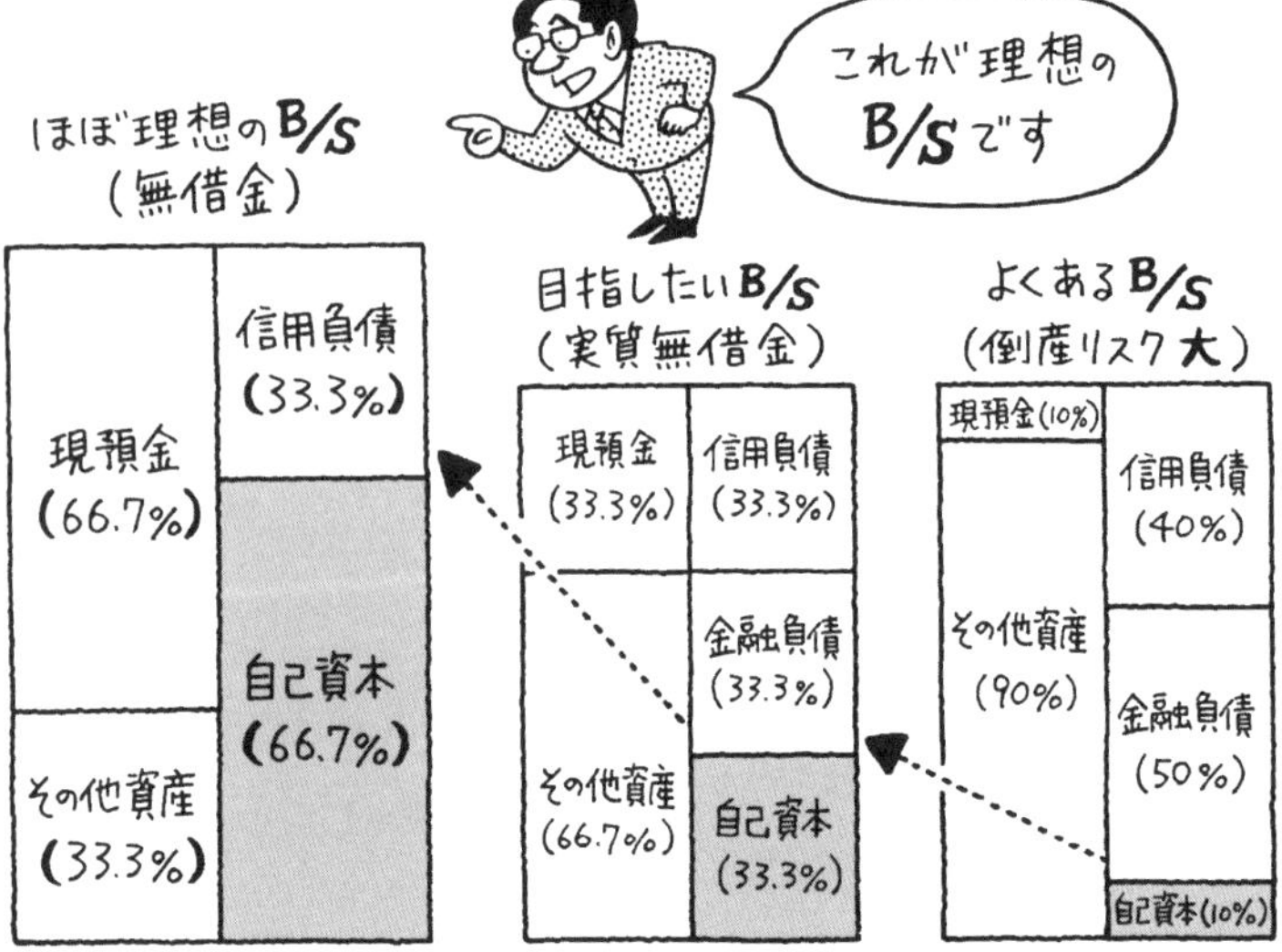

ステップ2に至るまでの道のりで難しいのは、借入金の額を減らしながら同時に手元にある現預金を増やしていくことです。長期・短期の借入金の返済と、手元の現預金の額、さらには支払手形や買掛金などの額に注意しながら、改善を進めていきます。こうしたことは経営者にしかできませんし、経営者がB／Sを理解し、常にチェックしていなければうまくいきません。だから「B／Sを読む」経営が必要なのです。

ステップ3●「完全な無借金経営」であり、理想の財務状態

ステップ2まで来れば、中小企業としては立派な財務状況になっています。しかし、ここからいっそうの改善を図ります。理想の状態、ステップ3を目指すのです。

ここでは、自己資本と現預金が総資産の2／3となることが目標です。言うなれば「2／3モデル」です。盤石で「完全な無借金経営」です。理想の財務状態と言えます。

無借金などは目指さず、現預金よりも借り入れを増やして上手に活用せよというコンサルタントがいますが、私はそうは思いません。中小企業の経営者は、会社と社員とその家族を守ることが使命です。規模の拡大を目的としてはいけません。経営の安全性を確保し、

いざというときに社員とその家族を守れる現預金を持つこと。この視点を忘れてはなりません。少なくともステップ2の「事実上の無借金経営」を目指し、可能ならばステップ3の「完全な無借金経営」を目指すのです。

通常、中小企業は現預金が手元に入っても、手形や買掛金の支払いや他の費用に使ってしまい、なかなか手元に残りません。借入金の返済を追加の借入金で賄っているのが現状で、元本を減らすところまでいきません。しかし、そこをなんとかやりくりして、現預金を増やしながら借入金の元本を返済する努力をするのです。

最後に具体的にすべきことを整理しましょう。

(1)本業を頑張って利益を毎年確保し、利益剰余金として着実に積み上げる
(2)手元の現預金を継続して増やす努力を続ける(キャッシュフロー経営を心がける)
(3)本業と関係ない無駄な固定資産があれば売却して現金化する
(4)徐々に借入金の元本や返済額を減らす

この4つの継続的な実践でB/Sの改善、つまり財務状況を改善できます。借入金が少なく、手元に現預金が十分にあれば経営は安定します。借入金が減れば月々の返済も減り、利益が出やすい「高収益体質」になります。こうなればB/Sの改善もしやすくなるのです。

Q24

「無借金経営」を目指したくても、
改善の方法が分かりません。
現預金も少なく、
借入金がかなり膨らんでいます。

熱血会計士の回答

無借金経営を目指すなら、まず「無借金経営にする」と強く思うことです。そして、どうしたら無借金経営ができるか、自分で勉強し、考え、行動し、人にも聞いてみることが大事です。そして自社の貸借対照表（B／S）を見て、会社の財務状態がどうなっているかを把握しましょう。

古田土会計では、お客様のB／Sを診断するときに、「現預金」と「金融債務」「信用債務」「純資産（自己資本）」のバランスから8つの成績に分けて、その成績ごとに処方箋を出しています。処方箋は強弱はありますが共通です。「金融債務」を減らし、手元の「現預金」は増やすこと、それに尽きます。

現預金と借入金のバランスで成績が付く

中小企業でよくあるのは、手元の現預金が総資産に対して10％未満なのに、自己資本比率が10％しかない会社です。つまり、手元にお金がないのに取引先と金融機関への負債が総資産の9割を占めていて、自分のお金ではなく他から借りたお金で自転車操業をしている会社です。

何かあれば即、倒産の危機です。取引先に出した支払手形や買掛金が期限までに支払えなかったり、金融機関への返済が間に合わなかったりすれば、にっちもさっちもいかないというところに追い込まれます。もしもこのような状況になった場合には、まずは銀行の元本返済をストップする交渉をし(リスケジュール)、支払手形はジャンプをお願いします。役員報酬は大幅に削減すると共に経費の大幅な見直しをして収支をトントンにしながら、売却できる固定資産を売却し、資金を確保し、経営を改善していきます。

ただし、ここまでの状態になる前に、次のような手を打ちましょうと私たちはお伝えしています。

まず、自己資本比率が下がっても借入金を増やして、先に現預金を総資産の30％以上に増やしましょう、と言っています。この段階ではまだ借入金を返し急がないように注意します。

次に目指すべきは、利益を出し、不要な資産を売却して、借入金を減らしていきます。現預金、借入金のどちらも総資産に対して1／3にして、支払手形や買掛金などの信用債務も1／3にしましょう、ということです。

この状態は、長期・短期の借入金総額と現預金が同じ額ですから「実質無借金」です。つまり、金融機関から「今すぐ返済せよ」と迫られても何とか対応できるわけです。

左ページのイラストでいうと、順位3の状態。「自己資本比率」は33・3％と中小企業としてはまずまずの数値。他の金額もとてもバランスの取れた財務状況だと言えます。

自己資本比率を上げ、現預金を増やし、無借金経営を目指す

さて、自己資本比率はとても重要な経営指標ですが、あくまでも手元の現預金の額とのバランスで見なくてはいけません。例えば、自己資本比率が50％以上あるのに倒産リスクを抱えているケースがあるのです。手元の現預金が少なく、売掛金・棚卸資産・貸付金・固定資産が多い、これに対して支払手形や借入金などの「負債」が多い会社です。

取引先への「信用債務」と金融機関への「金融債務」の合計が「負債総額」ですが、これが手元の現預金より多ければ、一気に返済を迫られたときに返せない状態に陥ります。

取引先や金融機関が一気に返済を迫る状況は実際にはそんなにありませんので、それほど心配する必要はないのですが、現金に対して「借金過多」の会社は、自己資本比率が高くても常に潜在的なリスクを抱えているのだと認識しておく必要があります。

私たちはお客様に、まずは手元の現預金を増やすこと、そして自己資本比率を上げることを目指そうとお伝えしています。次に「実質無借金」を最初の目標とします。さらに少しずつ財務体質を改善し、最終的には「完全無借金」を目指すのです。

完全無借金を目指すのは自己資本比率が60％を超えてからです。自己資本比率66・7％。現預金も総資産に対して66・7％が目標です。

こうなれば、非常事態で全債務を一気に支払っても現預金はかなり残り、手が打てます。

無借金経営にもいろいろな段階がある

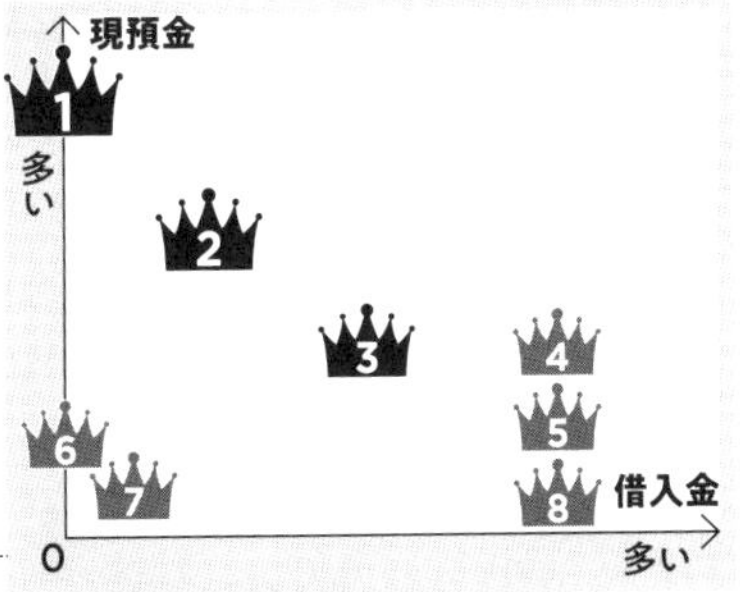

順位	状態
1	完全無借金の状態。現預金が総資産の60％以上ある超優良な会社
2	実質無借金。現預金が総資産の50％以上ある優良な会社
3	実質無借金。現預金、借入金、自己資本とも総資産の30％程度でバランスの取れた状態
4	借金過多。借入金が多すぎると利息支払いのムダが発生。「借りられるだけ借りておく」は間違い。
5	現預金に対し借入金が多い。現預金を増やし、借入金を減らすことで現預金≧借入金を目指す
6	無借金。借入金はないが現預金が少なすぎ。借り入れをしても現預金を増やす。目安は総資産の30％まで
7	実質無借金。借入金も現預金も少なすぎ。借り入れを増やして現預金を増やすべき。目安は総資産の30％まで
8	借金過多。危険企業

財務体質の改善とは**現預金が常に借入金より多い状態**にし、この差額を毎年増やしていくことです。差額が目標値に達したら借入金を徐々に返済して無借金にするのです。B／Sを理解し、常にチェックする経営をしていかなければできないことです。

ほとんどの中小企業は借金をしなければいけませんから、賢い社長は毎年コツコツと資金を増やし余分な借金を減らし、自己資本比率を高めています。中には20～30年かけて無借金で10億、20億円の現預金を持つようになった超優良企業もあります。私は創業以来42年間、3000社以上の中小企業を見てきましたが、無借金で倒産した会社は1社もありません。倒産するのはいずれも現預金が少なく借入過多の会社と、支払手形を振り出している会社です。大損失を出したときに、資金のない会社に銀行は手を差し伸べません。

B／Sの本質を知らないコンサルタントは、「無借金会社こそ倒産しやすい」などと言いますが、これは論外ですし、無責任な放言です。無借金でも実質無借金でも、大事なのはB／S全体のバランスです。多くの経営者は「借りられるときに借りられるだけ借りる」という思考になりがちで、無駄な利息を多く支払って自分の首を絞めています。常にB／Sをチェックする習慣と、現預金をしっかりと持った「無借金経営」という明確な目標を立てて経営改善を進めるべきです。

Q25

「無借金」を目指したいのは
やまやまですが、現実にはどうしても
融資が必要です。借り入れの限度額を
どう考えればいいですか？

熱血会計士の回答

コンサルタントの中には、借入金は月商の3カ月分までが目安、6カ月分を超えると危険と言う人がいますが私は違うと思っています。月商は損益計算書（P／L）の話で、借入金や現預金は貸借対照表（B／S）の話だからです。

借入限度額とは借り入れができる限度額ではなく、返済額の限度で考えます。手元にある現預金の額が金融債務の額よりも多い「実質無借金」経営になるまでの間は、中小企業はどうしても金融機関からの借り入れを必要とします。この時期は借り入れをどう上手に活用できるかが大事です。これも経営者の腕の見せどころと言えるでしょう。

年間の返済額が超えてはいけない額とは

目安は、1年間の会社の活動で手元に残る「現預金」が、年間の借り入れ返済額よりも多くなるように、借入金の返済額を抑えることです。

1年間の会社の活動で手元に残るお金とは、いわゆる「フリーキャッシュフロー（FCF）」と呼ばれるものです。詳細は、203～208ページで解説しますが、ここでは事業活動と投資活動によって手元に残る「お金」と考えればいいでしょう。もちろんマイナスになることもあり、そうしたときは本来、借り入れは増やせないと考えるべきです。

ここでは、FCFがプラスである場合の借入限度額を見ていきます。FCFは「税引後利益」からだいたい分かります。

例えば、税引後利益が400万円程度だとすると、大きな設備投資がなければFCFは300万～500万円と見込めます。ここでは、300万円としましょう。その場合、年間返済額は300万円以内を目安とします。

このように、健全な経営をするためには借入金の返済額がFCFの額を超えないよう抑えることが必要です。返済額を抑えるための方法は2つです。1つは、借り換えなどによって返済額を少なくすること。もう1つは、

年間
返済額
FCF
借入金の年間返済額は
フリーキャッシュフロー(FCF)の
額以内にしましょう!

不要な固定資産を売却して資金をつくり借入金を返済することです。

B／Sが損なわれないことを念頭に借り入れる

限度額の目安は説明した通りですが、本来は会社が置かれた状況によってまったく違ってきます。ひと言で言うなら、毎月入ってくるお金と出て行くお金のバランス次第です。どのくらい売り上げが見込めるか。売掛債権の回収のタイミングや条件。買掛債務の支払いサイト（締め日から支払日までの期間）なども影響します。もちろん、借り入れを考える前にどれだけ借入金の残高があったか、毎月の返済額はいくらだったかにもよります。棚卸の方針、不動産や設備が自社持ちか賃貸・リースかでも違ってきます。これらを総合して判断するしかありません。

大方針としては、今期末の現預金を前期より減らさないこと、自己資本比率を下げないことなどB／Sの改善ができるか、あるいは改善できないまでもなんとかB／Sの質を維持できる範囲で借り入れを考えることです。

Q26

「運転資金」が不足してしまうので、
どうしても借り入れが必要です。
運転資金の調達は
どうすればいいでしょうか？

熱血会計士の回答

「運転資金」を何で調達するかは、言い換えると「資金繰り」をどうするかです。ほとんどの中小企業の経営者にとって、いちばん頭を悩ませる問題ではないでしょうか。

答えは「運転資金は長期借入金か当座貸越で賄うべし」です。

もし無借金経営を実現できているなら手元の現預金が運転資金になりますが、多くの中小企業は金融機関からの融資で運転資金を調達しているのが現状です。

「運転資金」とは何かが分かっていない

ただし運転資金を、1年で返済する「短期借入金」で賄うのは大きな間違いです。

そもそも「運転資金とは何なのか」が分かっていない人がほとんどで、これが間違いの大きな原因になっています。中小企業の経営者が想定している「運転資金」と、銀行など金融機関が考えている「運転資金」には大きなズレがあるのです。

一般に、中小企業の経営者の多くは「設備投資以外にかかるお金はすべて運転資金である」と思い込んでいます。

例えば一般的な経費の支払いや、人件費の支払いに充てるお金も運転資金に含まれると思っています。このほか、税金の支払いや借入金の返済など一切合切ひっくるめて運転資金だと考えている経営者が多いのです。

ところが、銀行をはじめとする金融機関の考え方は違います。彼ら金融機関が考えている運転資金とは明確で、「**受取手形＋売掛金＋棚卸資産**」から「**支払手形＋買掛金**」を引いたものなのです（下の図を参照）。

金融機関の側では、この会社に貸せる短期貸付の融資枠はいくらか、と考えているのです。回収できるお金から出て行くお金を引いた分が、金融機関が考える運転資金なのです。

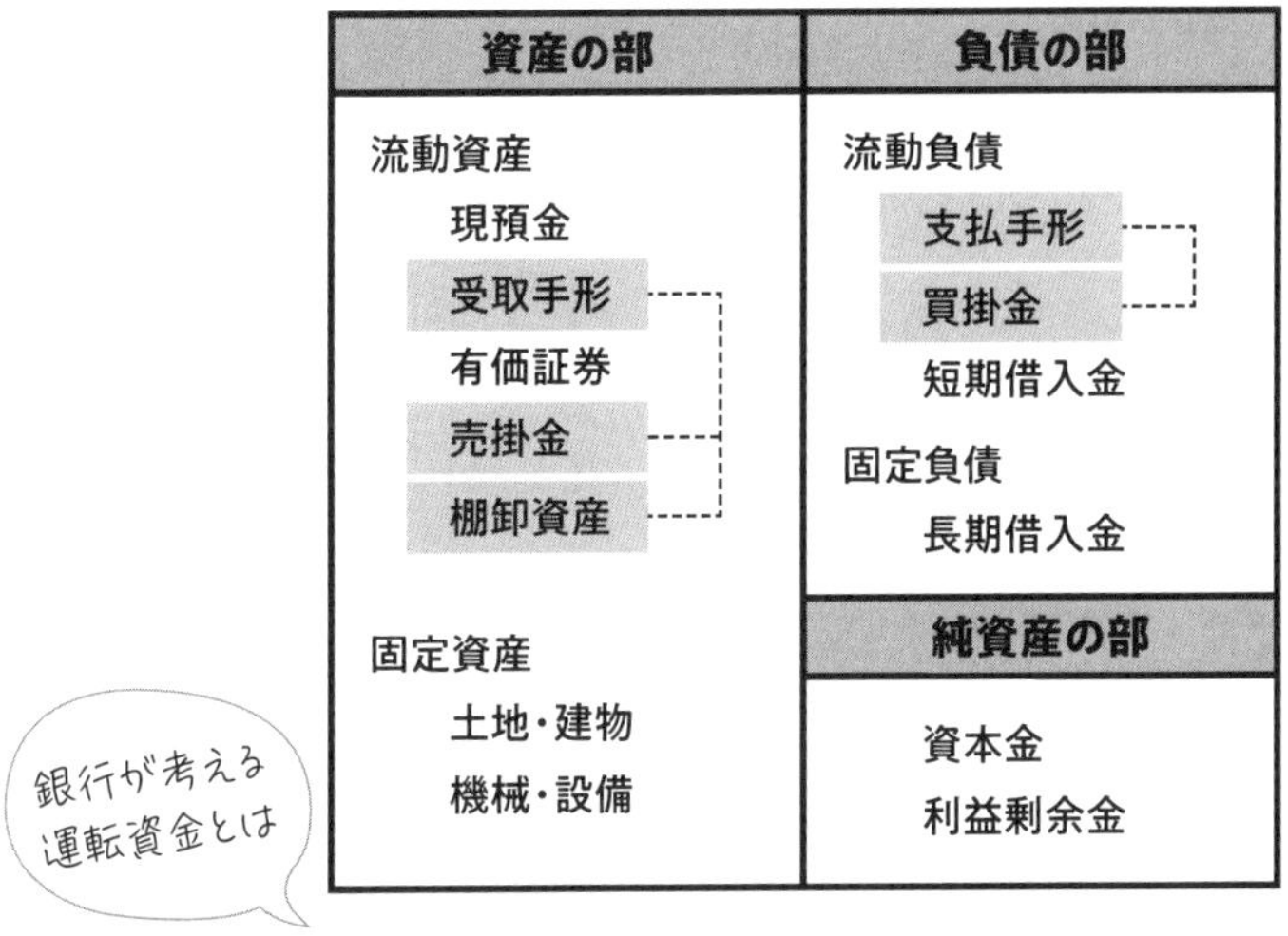

資産の部		負債の部	
流動資産		流動負債	
	現預金		支払手形
	受取手形		買掛金
	有価証券		短期借入金
	売掛金	固定負債	
	棚卸資産		長期借入金
		純資産の部	
固定資産			
	土地・建物		資本金
	機械・設備		利益剰余金

＝（ 受取手形 ＋ 売掛金 ＋ 棚卸資産 ）－（ 支払手形 ＋ 買掛金 ）

運転資金を「短期借入金」で借りてはいけない理由

では金融機関の考える範囲の運転資金を、短期借入金で調達するのは正しいでしょうか。答えはノーです。例えば、企業が商品（棚卸資産）の仕入れ資金を短期借入金で調達する場合を考えてみましょう。

仕入れ資金を短期借り入れで借りた場合、商品が売れ残ることもあります。すべて売れたとしても、売り上げを回収し、支払いを済ませた後に残るお金で全額を返済することは普通できません。また商品が売れれば、都度、仕入れる必要があり、その仕入れのために新しく借り入れをしなくてはいけません。返す前に短期借入金が増えてしまうのです。借入金返済の原資となる利益にも税金がかかりますので、経営者が思っているほど借り入れの返済は進んでいきません。

また、「サイト負け」の対策資金も短期借入金で調達してはいけません。

「サイト負け」とは、売掛金や受取手形などの売り上げの回収（売掛債権を回収して現金化）よりも、仕入れ代金の支払い（買掛債務の支払い）の期限のほうが先になって、手元の現預金が足りなくなってしまうものです。この対策資金も「長期借入金」で調達すべきです。

「サイト負け」対策資金は長期借入金と当座貸越で賄うべし

一般に、サイト負けの額は粗利益率によって決まります。例えば、粗利益率を50％とすると、売掛債権が3億円ある会社なら買掛債務が1・5億円あります。

サイト負けになると、買掛債務の支払い期限までに売掛債権の現金化が間に合わないので、1・5億円を調達する必要があります。これを短期借入金で賄おうとするとすぐ返済期限が迫ってきますから、サイト負けと短期借入の返済で二重に苦しむことになってしまいます。これは長期借入金で調達して利益から何回かに分割して返済すべきものなのです。

「運転資金は短期借入金で賄うもの」と信じている経営者の中には、「短期借入金は『転がし』（短期継続融資の俗称）だからそもそも利息分だけ払っていけばよく、元本については返済しなくてもよい。だから、資金繰りを心配する必要はない」と豪語する人がいます。

しかし、短期借入金は約定で1年以内の返済が条件です。1年後にまた書き替えをしてくれるという保証はありません。

金融機関から返済を迫られたら抗うすべはありません。返せなければ資金繰りに詰まり、他の支払いも滞り、取引先からも社員からも信用を失います。行き着く先は倒産です。会社を潰さないために、資金は安全な方法で調達すべきです。季節変動への対応を除いて、短期で借りていい資金はありません。

借入方法には手形借入と証書借入があります。手形借入のほうが手続きが楽でコストはかかりませんが、手形は常に不渡りのリスクがあります。一方、証書借入は資金不足で返済ができなくなったときには「待った」が可能です。銀行と交渉して元本返済ストップなどのリスケジュールが可能です。私は手間やコストがかかっても証書借入をお勧めします。

もう1つお勧めの方法があります。原則は長期借入金で調達し返済すべきですが、返済をするとキャッシュフローが悪化します。キャッシュフローが苦しい会社にとっていちばん良い方法は、「当座貸越契約」を結び、その限度内で自由に資金を調達・返済することです。当座貸越は銀行にとってはメリットが少ないので、銀行から提案してくれることは多くありません。こちらから積極的にお願いするものです。できれば1行ではなく、数行に依頼しましょう。複数行で当座貸越契約の枠を確保できていれば、いざというときに安心して資金を調達できます。

Q27

コロナ禍のとき、資金繰りのため
いくつかの融資を申し込み、
手元の現預金にだいぶ余裕ができました。
この現預金で投資をすべきでしょうか。
あるいは手元に持っておくべきでしょうか。

A 熱血会計士の回答

私の答えは、明快です。「B／Sに聞きなさい、そして判断しましょう」ということです。

どういうことか、詳しくご説明しましょう。

大きな危機の際には、好条件の融資が受けられる

リーマン・ショックやコロナ禍のときのように、大きな経済危機が起こると、政府が中小企業の経営を支援する目的で、好条件の緊急融資制度をつくり、会社としてはこうした融資を受けることでひと息もふた息もつけるということがあります。

資金繰り対策のために、融資を積極的に申し込むことで手元の現預金を増やせるからです。差し迫った支払いや返済に充てることができます。

私は「無借金経営を理想にしましょう」と常々言っていますが、こうした大きな危機の場合は、必ずしもそうではありません。

いくら無借金経営をしていても、大きな危機で売り上げが立たず支払いだけがかさんでいけば現預金はどんどん減ります。こうしたときに無理をして無借金を貫くのは愚の骨頂

です。いくら無借金で自己資本比率が高くても資金繰りに詰まれば会社は潰れます。これでは目も当てられません。

時には大局を見て大胆に借り入れ、危機をしのぐ必要があります。借りるべきときには借りなさい、ということなのです。

やみくもに借りるのではない

しかし、やみくもに借りるのではありません。経営者である以上、その融資を受けることで自社の貸借対照表(B／S)がどう変わるかきちんと把握するのです。その上で借りてください、ということです。

自社の資金力・財務状態を正しく把握し、その上で借りたお金を何に使うべきか、据置期間は何年まで可能か、返済はいつからどのくらいの金額なのか、返済期間は何年か、返済原資をどうするか、そもそもの長期的な目標は変えるのか変えないのか、それとも目標を先に延ばすのか、といったことを決めていただきたいのです。

これらの方針はすべてB／Sを見ながら決めましょうということになります。

緊急融資で現預金は増えるがB／Sのバランスは崩れる

コロナ禍当時を振り返ってみると、有利な融資でいったん資金の余裕ができても感染拡大の波が繰り返され、幾度となく心配な状況になりました。こうしたときには、自社の資金力を正確に知った上で、借り入れ戦略を練ることが絶対的に必要です。

というのも、緊急融資をうまく利用した会社ほど、自社の資金力をB／Sで把握しにくくなってしまうからです。

分かりやすい例として、次のようなA社の場合を考えます。

融資を受ける前、A社の総資産は3億円、現預金が1億円、借入金が1億8000万円（返済期間5年）であったとしましょう。純資産は1億円、信用負債が2000万円です。

A社が、据置期間5年、返済期間10年で1億円を追加で借り入れて、手元の現預金を2億円に増やしたとします。現預金が2倍になるわけですから、資金繰りはだいぶ楽になります。

B／Sの総資産を見ると、1億円の融資を受けたのですから総資産は4億円になります。B／Sの高さが1億円分増えた計算です。借入金は2億8000万円となります。つまり、B／Sの右側（調達リスト）は、上から「信用負債」2000万円、「金融負債」2億8000万円、「純資産」1億円と変わったのです。B／Sの左側（財産リスト）は「現預金」が2億円となり、他の資産が2億円となりました。

緊急融資で増えた「現預金」に幻惑されてはいけない

融資前と融資後の自己資本比率を、電卓をたたいて計算してみましょう。

緊急融資の前の自己資本比率は、純資産1億円÷総資産3億円ですから33・3％でした。中小企業の及第点です。これが、融資後には純資産1億円÷総資産4億円と25％にまで下がったのです。及第点から1ランク落ちたわけです。25％は危機的な数字ではありませんが、「及第点」とは言えません。

一方で、B／Sの左側にある「現預金」はどうでしょうか。

こちらだけ見ると、一見、優秀なレベルに達したように見えます。総資産に対する現預金比率は及第点の33・3％を大きく上回る50％ですから、資金繰りに詰まるとは考えにくいでしょう。

現預金は潤沢でも実際は「水ぶくれ」

このA社の状態をどう考えるかです。

自己資本比率の25％は赤点とまでは言いませんが、ほめられるレベルではありません。一方で現預金は総資産の50％で優秀。つまり、A社のB／Sはいびつな状況であり、いわば「水ぶくれ状態」になっているわけです。

まさかこうした緊急融資で、手元の現預金に余裕ができたからと無駄な有価証券や土地・建物を購入する社長がいるとは思いませんが、豊富な資金が手元にあることで幻惑され、経営判断を誤る恐れがあります。

判断を誤らないためには、常にB／Sに立ち戻って考えることです。冷静に借り入れ前後のB／Sを比較し、自社の財務が今どういう状態にあるのか、水ぶくれだとしたらそれを除いた自社の真の資金力がどうなっているのかを把握しなければなりません。

その上で、今、どんな手を打つべきかを考えていくのです。

A社の場合、新規融資で1億円調達でき、据置期間が5年あります。資金に余裕があるなら現在の借入金1・8億円の返済原資に充てます。追加借入1億円と、自己資金8000万円で完済できることになります。その後は追加借入分の1億円を10年間で返済していくので、年間の返済額は今までの3600万円から1000万円へ、大幅に減少します。

B／Sの改善を長期目標に沿って考える

今から5年先のB／Sをどのような姿にしたいかを思い描いて（あるいは長期戦略を思い出して）、その実現のための施策を打っていくことです。

A社の場合で言うと、まずは自己資本比率で33・3％、総資産に対する現預金比率33・3％というバランスの取れたB／Sの状態に回復させることを目指します。

信用負債（買掛金など）と金融負債、純資産が3分の1ずつになるイメージです。

さらに5年後には緊急融資を受ける以前より資金力が良くなる（B／Sがもっと改善される）未来を描きましょう。純資産が総資産の3分の2（自己資本比率が66・7％）で、「現預金」が総資産の66・7％ある理想のB／Sに少しでも近づくような未来像を描くのです。そして、こうした中長期の目標実現のために、毎年どのくらいの利益を上げればいいか、その利益を決算ごとにどのくらいB／Sの純資産に積み上げていけばいいか（内部留保）という発想で、打つ手を考えます。

もちろん、緊急融資を赤字の補填や借入金の返済、買掛金や手形などの支払いに充てざるを得ない会社もあるでしょう。

しかし、緊急融資でできたお金で自転車操業をしてしまえば、束の間の余裕ができるだけです。返済期限が来ればもっと大きな危機が押し寄せます。できる限り新製品開発や新市場開拓の投資に振り向けるべきです。

どういう長期目標を持つか、どのような手を打っていくか、いずれにしてもはじめの一歩は、自社のB／Sを正しく知り、真の資金力・財務状態をきちんと把握することです。そして、常にB／Sに立ち戻る「B／Sを読む経営」を実践することです。

Q 28

B／Sを常にチェックしたいのですが、決算のときにしかB／Sは見られません。毎月見るにはどうすればいいのでしょうか？

A 熱血会計士の回答

「B／Sを読む経営」とは、毎月、貸借対照表（B／S）がどうなっているのかをチェックして、経営のかじ取りをすることです。そして、「毎月、その月の単月分のB／Sと、期首からその月までの累計のB／Sを見ること」が正しい見方となります。

以下、少し詳しく説明しましょう。

一般には「残高試算表」で単月分しか見られない

中小企業の経営者に、「会社の財務状態をリアルタイムで把握するために、毎月、B／Sを見てください」と言うと、皆さんはだいたい、経理部門に「今月のB／Sを出して」と指示をします。経理はこの指示を受けるとほとんどの場合、単月の「残高試算表」を見せることになると思います。

ここにはB／Sの項目が、先月から当月までの1カ月間でどのように増減したかが示されています。B／Sの右側に記載されている「調達リスト」と、左側に描かれる「財産リスト」がこの1カ月の間にどう増減したかが示されるだけなのです。

例えば、この1カ月間で短期の借り入れを1000万円したとしましょう。すると残高試算表には右側の「短期借入金」の欄の金額が1000万円増やされて、同時に左側の「現預金」の欄に借りた分だけ、つまり1000万円、残高が増えるのです。

残高試算表では、こうした1カ月間の変化分が見えるだけです。

多くの経営者は残高しか見ていません。変化を見ている人は少ないのではないでしょうか。まして、B／Sのどの科目の変化を見るべきなのかはほとんどの人が知らないと思います。

期首から当月までの累計で見る理由

でも、B／Sというものは148〜149ページで説明したように、長年の経営者が積み上げてきた結果としての、資金調達リストと財産リストが1つの表にまとまったストック情報です。

長期的な経営の努力が累計としてB／Sに示されているわけですから、「B／Sを読む経営」とは、長期の財務的な変化や傾向を読み取るということにほかなりません。ですから、この1カ月間の変化を見るだけではあまり意味はありません。必ず、長期的な変動・傾向を見た上で、このひと月で何があったのか、という2つの視点で見る必要があるのです。すなわち、毎月B／Sを見るときには、期首から当月までの累計分のB／Sと、この1カ月分のB／Sの変化を一緒に見なくてはいけません。

分かりやすく、1月1日から12月31日までが会計年度のA社の例で見ましょう。期首（1月1日）から5カ月経った時期（5月31日）に、まず単月のB／Sを見る場合を考えます。

ここから分かることは、当月（5月1日～5月31日）に起こったことだけです。例えば、先月末の時点で1・2億円あった長期借入金のうち、2000万円を5月に返済したとすると、長期借入金の残高は前月の1・2億円から今月1億円になったことが記載されます。

このように、単月のB／S（残高試算表）が示すものは5月ひと月分の動きだけです。

しかし、B／Sに記載される会社の財産も借金も、毎月大きく変動するものではありません。もう少し長いスパンで動きを知る必要があります。

この場合であれば、5月ひと月分の動きを見るだけではいけません。1月1日の期首から5月31日までの5カ月の間にいくら長期借入金を返済して、いくら借りたのか、その結果として今の長期借入金の残高になっているといった、少し長いスパンでの動きを把握する必要があるのです。

潮目を見る必要がある

この動きというか勢いのようなもの、つまり「潮目」のようなものこそ社長が知りたい情報です。長期借入金を例にして説明をしましたが、それ以外にも設備投資なら、いつどんな設備投資をいくらしたのか、固定資産の売却ならばいついくらで売れたのか、除却ならいつどのくらいの残存価格のものを廃棄したのか、そのときの廃棄費用としていついくら支払ったのか。商品や材料、部品などをいついくら仕入れて、その代金（買掛金や支払手形など）をいつ支払ったのか。さらには売り

上げが立ったなら売掛金がいくらで、その回収はいつだったのかなど、少し長い時間軸の動きこそが経営者の知りたい情報なのです。

単月・累計のB／Sはそれぞれ1枚にまとめて見る

単月のB／Sと期首からの累計B／Sを見るときに、もう1つ気をつけていただきたいことがあります。それはどちらも必ず1枚の用紙にまとめて見るということです。一般に、毎月、社長に手渡される試算表は数枚に分かれています。数字は、複数枚の資料からはなかなか読み取れません。人はページをめくると前のページのことを忘れてしまうものです。必ず1枚で見ること、これを徹底しましょう。

こうすることで「流れ」が見えます。毎月の会社の財政状態がどう変わろうとしているのかが分かるのです。現在が健康か、もっと元気になる途中か、それとも健康そうに見えて少しずつ具合が悪くなっているのかなど、会社の健康状態を精度良くつかめます。

Q 29

B／Sでは現預金と借入金のバランスを毎月確認して資金繰りをしています。キャッシュフロー計算書（C／F）はどう使うのでしょうか？

熱血会計士の回答

私は経営者の方には「貸借対照表(B/S)を読む経営をしてください」と常々申し上げています。これは会社の財務上の健康状態を常にチェックして経営のかじ取りをしてください、ということです。

こう言うと「資金繰りもB/Sを見ていればできますか?」と質問されますが、これに対する答えは残念ながらノーです。

資金繰りをするための一般的な帳票は資金繰り表で、主に資金調達が必要な会社が作成しています。銀行に説明するためです。資金に余裕がある会社は資金繰り表は必要ありませんが、キャッシュフロー計算書(C/F)はすべての会社で必要です。儲けたお金がどのように使われたかを知り、対策を打つためです。

資金運用は、毎月B/Sを読むだけでなく、さらにC/Fを併せて使うことで初めてできるものなのです。

精緻な資金運用をしようとしたら、B/SとC/Fの両方が必要です。私たちのような会計のプロならB/Sだけで必要な情報を読み取れますが、それでも苦労するのでC/Fは必須です。まして会計に疎い人、もしくは会計に苦手意識を持っている人にはC/Fなしでの資金繰りは無理と言ってもいいでしょう。

ただ、中小企業で決算のときに損益計算書（P／L）とB／Sを作成するのは当たり前ですが、C／Fまでつくっているところはほとんどありません。ですからC／Fのことが分からない人も多いのです。

皆さん、そもそもC／Fとは何かが分かっていないため、どう使うかと言われても混乱します。ですから、ここでC／Fの意味を明確にしておきましょう。

C／FとはB／Sの「現預金」に着目して、その増減を詳細に記した付表《ふひょう》なのです。

したがって、B／SとC／Fを併せ見るということは、B／Sだけでは見えない現預金の動きをC／Fを併用することで精緻に把握するということです。

要するに、C／FというB／Sの付表を使い、会計のプロのようにB／Sの現預金の増減の裏にある動きを細かく読み取ることで、精緻な資金繰りができるのです。

「B／Sを読む経営」のもう1つの目的

ここまで「B／Sを読む経営」として、毎月B／Sをチェックして「自己資本比率」や「現預金」と「金融債務」（借入金）の差や比率を常につかんでおき、その向上を目指して経営をしていくことをお伝えしてきました。長期的な会社の成長と安全性をきちんと把握するためです。

これはこれで「B／Sを読む経営」の大きな目的なのですが、実はもう1つ大事な目的が「資金繰りのツールとして使う」ことです。正確に言えば、B／SとC／Fの両方を使って精緻な資金繰りをするということになります。

中小企業は、どうしても純資産（自己資本）に比べて長期・短期の借入金の比率が高くなりがちです。利益が出てもすぐに借入金の返済や買掛債務の支払いに充てなくてはならないため、財務的に弱くなってしまいます。

売掛債権の回収時期に比べて、買掛債務の支払いが早く（いわゆるサイト負け）、資金繰

りに汲々としている会社が多くあります。

資金繰りに関する勘定科目の精査は必須

ですから、資金繰りに関連するB／Sの勘定科目を毎月精査する必要があるのです。

毎月、資金繰りに関連する「B／Sの勘定科目の残高と増減を一緒に見ること」と、その中でも「現預金」の増減を詳しく記した「キャッシュフロー計算書（C／F）をきちんと見ること」で、現時点の資金繰り状況を常に把握しておきます。

まずB／Sの勘定科目について、「残高と増減を一緒に見ること」で、お金の流れが初めて見えてくることは感覚的に理解できると思います。

例えば、当月のB／Sで現預金残高が1000万円あるとしましょう。「手元の現預金が1000万円ある。これならいろいろな支払いに使えて安心だ」で終わってしまってはいけないのです。前月の現預金残高からどう増減したか、いわゆる「変化分」とか「傾向」「勢い」みたいなものを読み取らねばなりません。

もし前月の残高が2000万円あったなら、「1000万円も減らした。大変だ」となりますし、前月の残高が500万円だったなら「手元のお金が増える傾向だ。ホッと一息」となります。そして、こうしたお金の流れの原因が何であるかに思考を向けて、対策を考え、実際に手を打つのが経営です。

このときに、「C／Fと一緒に見ること」が大きな助けになります。毎月及び累計のB／Sの現預金の動きを、正確に読み解く道具がC／Fなのです。

毎月のC／Fには、現預金の当月残高と期首（または先月）の残高、増減、さらにその理由が記載されています。

増減の理由については、次の3つに分類され、整理されています。

（1）営業活動によるもの
（2）投資活動によるもの
（3）財務活動によるもの

B／Sだけ眺めていても、現預金の増減の理由は見えてきません。様々な要因が絡んでいるからです。ですから、毎月の資金繰りではB／Sと併せて手元にC／Fを置き、両者を併せ見ることが不可欠です。

次章はこのC／Fについて詳しく解説していきます。

第3章

リスクに負けないC／F経営のイロハ

「儲けた利益はどこへ消えたか」を知るC／F。
「お金を残すための会計」の強力なツールです。

Q30

キャッシュフロー計算書(C/F)は現預金の動きを示すといいますが、実際にはどういう動きを示すのですか?

熱血会計士の回答

「キャッシュフロー」という言葉が示すように、キャッシュフロー計算書（C／F）とは「お金の流れ」が分かるようにした表です。このC／FはB／Sの「現預金」の増減を要因別にまとめ直してつくられています。お金の流れはその増減を要因別に見ることで初めて分かってきます。

決算時につくるC／Fは、会社の現預金について、期首の残高と期末の残高、そして1年間の増減を3つの項目に分けて整理したものです。期首にX円あったお金が、あたかも3つの水路に分かれて出たり入ったりして増減し、期末にはY円になる、といったイメージです。まさに「お金の流れを増減の理由と共に示すもの」なのです。C／Fは現預金の増減について、次の3項目に分類して示します（巻末資料238～239ページ参照）。

（1）今期の営業活動による増減（営業キャッシュフロー＝営業CF）
（2）投資活動による増減（投資キャッシュフロー＝投資CF）
（3）財務活動による増減（財務キャッシュフロー＝財務CF）

C／Fを見れば、期首にあった現預金が、なぜ、どれだけ増減したかが分かります。貸借対照表（B／S）だけでは現預金残高は分かっても、増減の理由までは見えません（厳密には分かりますが、会計のプロでも骨が折れます）。

月次C／Fは単月で1枚、期首から当月までの累計の数字で1枚の、2種類を作るべきです。毎月及び期首から現預金がどう増減し、今の時点でいくら残っているかが分かります。これを使えば、「B／Sだけでは見えないお金の流れをリアルタイムでつかみ、リスクの少ない資金繰りができる」のです。

ほとんどの経営者はC／Fを見ていない

ところが中小企業の場合、年に1度の決算でC／Fを出している会社はほとんどありません。私の知る限り、会計事務所も顧客に対してC／Fの説明をするところはほとんどありません。まして、月次C／Fを出すように勧めているところは皆無です。

中小企業の経営者にとって、資金繰りとは通帳の残高を気にかけつつ支出を見ることが主で、C／Fまでは意識していないのが実情です。まして、C／Fを経営ツールとして積極的に活用しようなどとは思ってもいません。

キャッシュの流れは損益計算書(P／L)とB／Sだけでは見えませんから、手探りで資金繰りをしているようなものなのです。

中小企業では毎月、借入金の返済が相応の額になりますし、売掛債権の入金よりも買掛債務の支払いが先になる「サイト負け」になっている会社が多いため、事態はより複雑です。

しかも借入金の借り入れ・返済、支払手形や買掛金の支払い、売掛債権の回収などは、B／Sには書かれてもP／Lには現れません。B／Sをプロが丹念に読み込めばキャッシュの流れは見えてきますが、プロでも手間がかかります。素人には到底無理です。私たち会計のプロにとっても、精緻な資金繰りをしようとするならC／Fは不可欠です。

C／Fの活用ができていないと、今月は利益が出ているはずなのに、手元の現預金が足りず支払いができない、つまり資金繰りに詰まる事態が起こり得ます。最悪のケースでは、支払手形などの手当てができず、黒字倒産だってあります。

P／LとB／Sを見ているだけでは、こうした事態を正確にはつかめません。見えにくいリスクに対応するには、C／Fを併用して現預金の流れを正確につかむ必要があります。

特に注意すべきFCF

C／Fに書かれている3つの項目はどれも重要ですが、中でも特に注意して見てほしいのは「フリーキャッシュフロー」です。Free Cash Flowの頭文字3文字を取って「FCF」と略します。

　FCFは、営業CFと投資CFの合算です。つまり営業活動による現預金の増減分（営業CF）と、投資活動による現預金の増減分（投資CF）を合算したもの。「今期の会社の事業活動で残ったお金」のことです。これは、P／L上の利益である当期純利益（赤字の場合は当期純損失）に対して、「現金ベースで見た純粋な儲け（損失）」を表しています。

　P／Lに示される「当期純利益」の金額と、C／Fに示されるFCFの金額を見比べると、事業で儲けた利益が営業活動や投資活動でどれだけ消えたかが分かります。

そして、ＦＣＦからは借入金の返済余力も分かります。Ｃ／Ｆでは、借入金の返済は「財務活動によるマイナス」（財務ＣＦのマイナス）です。これは「借金を返して現預金がいくら減ったか」を示すものです。資金繰りは、ＦＣＦと財務ＣＦの比較が重要です。

多くの経営者は、利益を出せば借入金が返せると勘違いしています。少しＰ／Ｌについて分かる人は、「税引後利益」と実際には出て行かない費用である「減価償却費」を加えたものが返済原資だと考えますが、これも間違いです。手元の現預金は「税引後利益＋減価償却費」からさらに増減するからです。利益を出しても売掛債権が現金化されなければその分はないものとして扱う必要がありますし、棚卸資産の増加もキャッシュを減らします。

ＦＣＦがマイナスだと、手元の現預金は減ってしまいますから返済に必要な額が確保できなくなる可能性が高まります。この場合は新たな借り入れが必要です。借り入れしなければ資金繰りに詰まります。こうしたことに目を配るために中小企業経営者はＣ／Ｆを常にチェックし、事業継続に必要なキャッシュが手元にあるかどうか把握すべきなのです。

Q31

C／Fの読み方を
もう少し詳しく教えてください。

熱血会計士の回答

中小企業で決算時にキャッシュフロー計算書（C／F）まで出す会社はごく少数ですから、C／Fが分からない、読めないという声をよく聞きます。

C／Fの理解を深めるには、C／Fが3つのブロックに分かれることを知ることがポイントです。前節の繰り返しになりますが、あらためて詳しく見ていきます。

C／Fとは手元の現預金の流れを示すもので、現預金の増減が「何によって、どれだけ生まれたのか」を3つのブロック（理由）に分けて整理しています。

3つのブロックとは、

（1）営業キャッシュフロー（営業CF）
（2）投資キャッシュフロー（投資CF）
（3）財務キャッシュフロー（財務CF）

です。

C／Fは、この3ブロックごとに現預金の増減を表しますが、この3つの増減を合算すると、期首から現在までの現預金の増減になります（巻末資料238～239ページ参照）。

まずは「営業キャッシュフロー」から見ていきましょう。

事業活動での増減を表す「営業ＣＦ」

（１）の「営業キャッシュフロー」とは本来の事業活動で増減したキャッシュについて示すものです。Ｃａｓｈ Ｆｌｏｗの頭文字を取って「営業ＣＦ」などと略します。

実際の例を見ると、より分かりやすくなります。

例えば、会社の取り引きで生じる「売掛金」の増加や、商戦に備えて在庫を積み増す「棚卸資産」の増加は、キャッシュ面ではマイナスとなります。

キャッシュフロー計算書　（単位：百万円）

(1) 営業活動によるキャッシュフロー	−0.4
当期純損益金額	24.0
減価償却費など	31.6
販売仕入れ活動による増減額	−23.9
その他資産負債の増減額合計	−32.1
(2) 投資活動によるキャッシュフロー	1.4
フリーキャッシュフロー（(1)+(2)）	1.0
(3) 財務活動によるキャッシュフロー	−12.2
今期の現預金の増減額（(1)+(2)+(3)）	−11.2
期首の現預金残高	327.7
期末の現預金残高	316.5

「売掛金」は実際に入金されるまではキャッシュ上はマイナスとなります。「掛けで売る」（「ツケで売る」などとも言います）場合、現金商売と違って実際に入金されるまで時間差があるからです。売掛金は得意先に対する貸付金と考えます。貸付金が増加するということは、資金がマイナスになる、つまり手元からなくなるということです。

棚卸資産を増やすと、お金を支払って棚卸資産（商品）を買うことになります。お金が資産に変わるので手元の現預金は減りますから、キャッシュの増減はマイナスです。その分だけ資金不足を起こしやすくなります。

一般に売り上げを増やそうとすると、必ず売るべき商品の仕入れを伴います。したがって、在庫＝棚卸資産は増えます。売り上げを増やして利益が出る前に、先だって在庫を仕入れる資金が出ていくのです。

財務基盤が脆弱な中小企業は、そもそも手元の現預金が少なく、常に借入金の返済に追われていますから、「資金が先、利益は後」という原理原則を意識しないとすぐに資金不足に陥ります。

たとえ損益計算書（P／L）上は儲けが出ていても、売掛金や棚卸資産が増えれば儲けはこれらに吸い込まれます。P／Lでは儲けが出ていても、すぐにはお金が入ってこなかったり、P／Lには現れない支出があったりするため「吸い込まれる」と表現するのです。すなわち、P／L上は売り上げが立って利益が出ても、C／Fの「営業キャッシュフロー」（営業CF）はマイナスになることがあるのです。

一般に、会社取り引きではP／L上の利益と営業CFは必ずズレるものだと覚えておいてください。

投資活動によるキャッシュの増減を表す「投資CF」

（2）の投資キャッシュフロー（投資CF）は、投資活動によるキャッシュの増減です。例えば、設備投資をして機械や車を買った場合、購入費用は全額がP／L上の費用になるわけではなく、B／Sの資産に計上されます。設備投資をして購入するものは「機械」「車両運搬具」などB／S上の勘定科目ですし、支払いに使うのは主に「現預金」です。どちらもB／Sの科目であり、P／L上にはこの設備投資という行為は現れません。

P／L上には何も現れないにもかかわらず、実際のお金は出ていきます。C／Fではこれを「投資CF」のマイナスとしてキャッシュが出て行くことを示すのです。

逆に設備を売却して代金を受け取ると、キャッシュはプラスとなります。「投資ＣＦ」のプラスとするわけです。

中小企業ではよく、利益が出たから節税をしようと高級車を買ったりするケースがありますが、このときに費用になるのは一部（減価償却費）だけであり、キャッシュだけが出ていきます。すなわち、無理な投資は資金繰りを悪化させます。

ちなみに、（1）と（2）を合算したものがフリーキャッシュフロー（ＦＣＦ）です。

「財務ＣＦ」は借り入れや返済の結果

（3）の財務キャッシュフロー（財務ＣＦ）は、

主に借入金や資本金の増減です。

借り入れをするとプラスになり、返済するとマイナスになります。多くの中小企業にとって、借金の返済は切実な問題です。したがって、FCFと財務CFの比較が重要になります。

FCFが財務CFより大きければ、FCFで返済原資が賄えています。

多くの中小企業は借入金返済のために借金をしているのが現実です。これを続けると返済額が次第に膨らみます。C／Fの各項目に目配りした経営が必要なのです。

理想的なC／Fとは、営業C／Fで投資C／Fを賄い、FCFで長期借入金を返済し、現預金が増え続けることです。

営業CF＋投資CF＋財務CF＝現預金の増減額

C／Fを式で表すと、「営業CF＋投資CF＋財務CF＝現預金の増減額」となります。

当期（あるいは当月までの）純利益が1億円出た場合で考えてみましょう。

この場合、現預金がまるまる1億円増えるわけではありません。売掛債権の増減分を加え、支払債務の増減分などを加減し（営業ＣＦの調整）、さらに投資ＣＦ、財務ＣＦの増減を合算して初めて、今期の（あるいは当月までの）現預金の増減額が分かるのです。

Ｃ／Ｆとは「ある期間に儲けた利益がどこに消えたのか」が分かる、「利益からお金への換算表」なのです。

Q32

営業CF、投資CF、財務CFの3つを毎月見ることで何が分かりますか？

熱血会計士の回答

キャッシュフロー計算書（C／F）を毎月出して精査することによって、お金の流れが明確に分かるようになります。

具体的には、C／Fに示される「営業キャッシュフロー」（営業CF）、「投資キャッシュフロー」（投資CF）、「財務キャッシュフロー」（財務CF）の3種類のキャッシュの増減とそのバランスから、会社の経営状況がハッキリと認識でき、経営のかじ取りに生かすことができるのです。

月次CFの3項目のバランスから本当の業績が見えてくる

営業CFからは、会社の本業が順調なのか苦戦しているかが分かります。本業が順調ならプラス、苦戦ならマイナスです。

投資CFは、経営が「攻めの姿勢」か「守りの姿勢」かを示します。設備投資や未来への投資をすれば手元の現預金は減り、投資CFがマイナスとなります。資産を売却して現預金に換えればプラスとなります。

財務CFは、借り入れや返済を示す指標です。プラスは借り入れが進み、マイナスは返済が進んだということです。

理想的な会社は、本業が順調で投資も攻めの姿勢です。営業CFは毎月大きなプラスとなります。投資を積極的に行うので一般的に投資CFはマイナスです。財務CFのほうは、順次返済を進めて借入金が減っていき、自己資本比率が高くなるのが理想ですので、やはりマイナスとなります。

分かりやすくするために2つの会社を例に取り、月次C／Fの状況を見てみましょう。1つは「健全パターン」のA社、もう1つは苦境にある「輸血パターン」のB社です。

「健全パターン」はプラス↓マイナス↓マイナス

A社は、月初の現預金が3000万円ある会社で、本業がそこそこ好調に推移しています。月次C／Fでは、営業CFが1000万円のプラス。投資CFが300万円のマイナスでちょっと投資をしたという状況です。また、A社は借入金を順次返済し、自己資本比率を高めています。今月の財務CFは500万円返済した分がマイナスとなっています。月末の現預金残高は前月から200万円増えて3200万円となりました。

本業が順調で、そこそこ投資をし、借入金の返済も進んでいる、まさに「健全パターン」です。営業ＣＦがプラス、投資ＣＦがマイナス、財務ＣＦがマイナスという組み合わせからこのことが読み取れます。

「輸血パターン」はマイナス→ゼロ→プラス

一方のＢ社は、コロナ禍で本業が苦境に陥った会社です。

Ｂ社は本業がふるわないので、月次Ｃ／Ｆでは、営業ＣＦが５００万円のマイナスとなっています。

月初の現預金は１０００万円と潤沢ではありません。本業が不振で、売掛債権の入金は見込めません。仕入れ等の支払いが迫っているため資金ショートの危機です。

Ｂ社ではこの資金難をやりくりするためにコロナ融資で５０００万円を急きょ借り入れて、手元の現預金を増やしました。

５０００万円を借り入れたので財務ＣＦはプラス５０００万円となります。現預金が手元にあるうちになんとか対策を打ち、苦境を脱しようとしています。

投資をする余裕はもちろんなく、売却できる固定資産もなかったために投資CFはプラスマイナスゼロです。

B社のような「輸血パターン」では、営業CFがマイナス、投資CFがゼロ、財務CFがプラスという組み合わせになっています。

経営のかじ取りにも使える

C／Fは、儲けた利益がどこに消えたかを示すものです。特に、3つのキャッシュフローをパターンとして見ることによって、会社がどのような状態にあるかも見て取れます。C／Fは経営のかじ取りのツールとしても有効なのです。

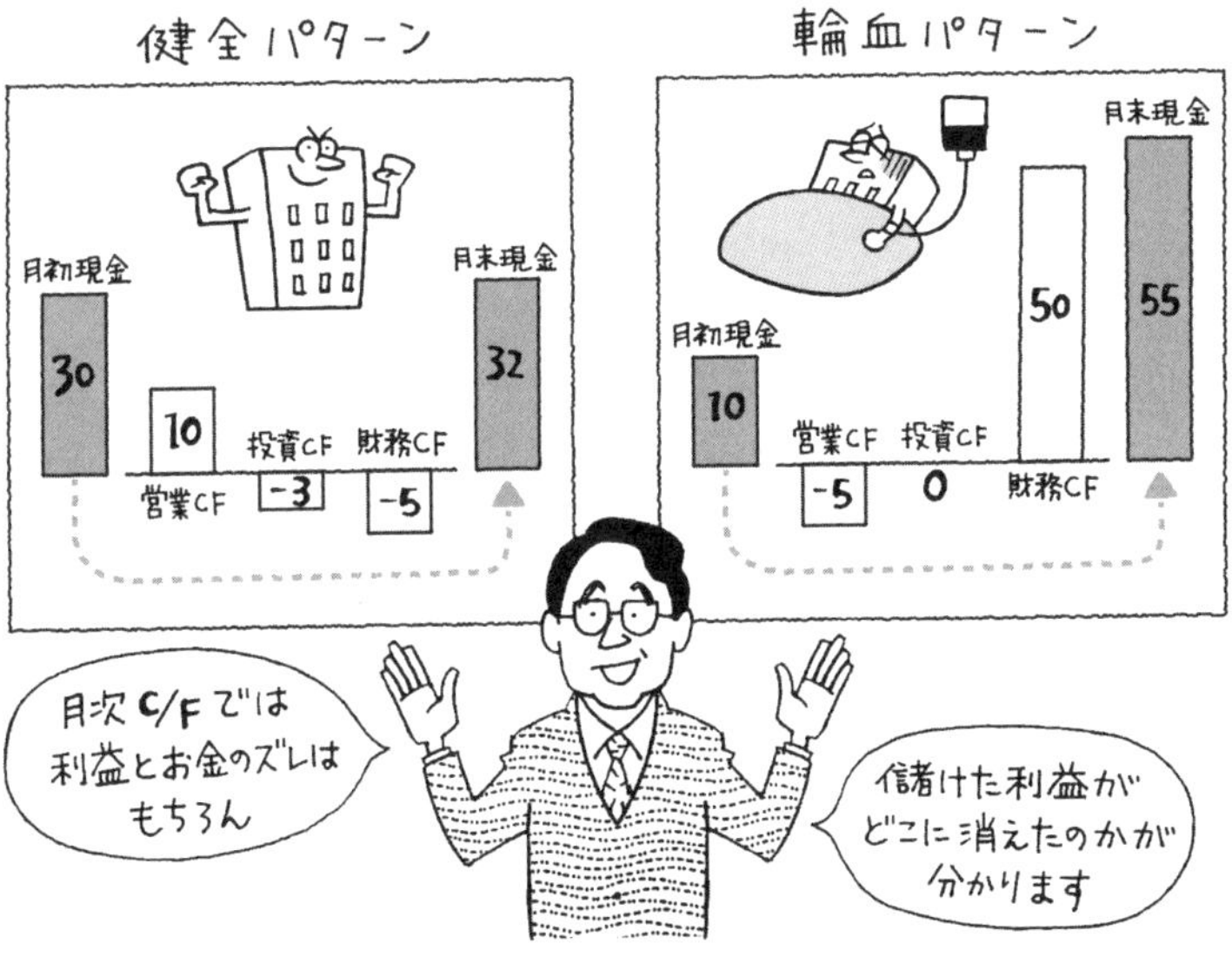

キャッシュフロー計算書（C／F）を有効に使うためには、年1回の決算時につくるだけではなく、月次C／Fを必ず出してください。月次C／Fは単月分と、期首から当月までの累計の2種類のC／Fのことです。それを毎月見ることで精緻な資金繰りができるのはもちろんのこと、3つのキャッシュフロー（営業CF、投資CF、財務CF）のパターンを見ることで、会社の事業構造の問題点が見えてきます。問題点がクリアになれば、具体的な対策を迅速に打つことができます。

Q 33

月次キャッシュフロー計算書（月次C／F）は、どのように活用するのが正しいですか？

熱血会計士の回答

前節まで、キャッシュフロー計算書（Ｃ／Ｆ）についてあれこれと解説してきました。ここでは、このＣ／Ｆを中小企業の経営者はどのように活用すべきか、つまり月次Ｃ／Ｆをどのように使えば精緻な資金繰りができるかを見ていきます。

基本と応用に分けて説明しましょう。

売上高と利益、ＦＣＦと財務ＣＦを毎月確認する

基本のほうは簡単です。

月次損益計算書（月次Ｐ／Ｌ）と月次Ｃ／Ｆを出して、月次Ｐ／Ｌからは当月の売上高と儲け（経常利益）、月次Ｃ／Ｆからは営業ＣＦ、フリーキャッシュフロー（ＦＣＦ）と財務キャッシュフロー（財務ＣＦ）を、単月分、累計分の両方とも毎月確認することです。

今期の活動で会社に残るお金（手元のキャッシュ）と借金返済の両方に目配りするのです。要するに借入金の返済がきちんとできるかどうかを確かめます。資金繰りの基本の部分です。

ただ、これだけでは不十分で、応用も必要です。そのためには年計グラフというものを作り、資金繰りの状況を直観的に理解できるようにします。

年計グラフなら勢いがひと目で分かる

年計グラフについてもう少し詳しく説明しましょう。

年計グラフにプロットされる数字は、どれも当月を含めた直近12カ月分(1年分)の累計値です。要するに毎月、1年分の決算をして、売上高、経常利益、営業CFをグラフに付けていくと考えればいいのです。

少し難しく言うと、過去1年分の移動平均を毎月グラフに付けていくということになります。こうすることによって季節変動や単月の特別な動きではなく、「すう勢」として見ることができます。簡単に言うと、正確な勢いが見て取れます。

例えば、3月の経常利益の年計なら、前年4月から今年3月までの月次経常利益を足したものです。6月の経常利益の年計なら、前年7月から今年6月までの月次経常利益を合算したものです。このようにすると季節変動などを取り除くことができ、全体の傾向が正しく見えてきます。

売上高、経常利益、営業ＣＦ。３つの数値の勢いをつかみ、予測する

では、実際に資金繰りのための年計グラフを作ってみましょう。

毎月、月次Ｐ／Ｌから売上高と経常利益の数字を拾い、月次Ｃ／Ｆからは営業ＣＦを拾っていきます。この３つの数字について年計グラフを作り、月次Ｐ／Ｌから見える「儲け」と、実際に手元に残る「現預金」の動きをすう勢としてひと目で理解できるようにします。

具体的には、月次Ｐ／Ｌから**（１）売上高の年計（２）経常利益の年計**を求めます。月次Ｃ／Ｆから**（３）営業ＣＦの年計**を求めます。そして、この３つの数値を１つのグラフにまとめ、毎月更新してはチェックするのです。

この年計グラフを見ることによって、毎月の売上高、経常利益、営業ＣＦの推移と勢い、それぞれの関係性を直観的に把握することができます。

例えば、売上高も経常利益も右肩上がりで業績は順調なのに、営業ＣＦは急激に目減りしてしまうことがあります。買掛債務の支払いが増えたり、売掛債権の入金より買掛債務

の支払いが先になる「サイト負け」が生じて、下手をすると資金がショートして黒字倒産というケースがあるのです。

これは、業績のいい会社でも起こり得ることです。売り上げが伸びているときは、仕入れや在庫も増え、その分、手元の現預金が出ていくからです。売り上げや利益が立っても、実際に入金があるのはしばらく先になりますから、どうしても仕入れや在庫を増やすための支払いが必要で手元の現預金は減ってしまうのです。

一般的には、小売業などの現金商売の業種は経常利益の年計グラフよりも営業ＣＦのほうが上になります。入金は毎日ありますが、支払は翌月末のケースが多いからです。一方、

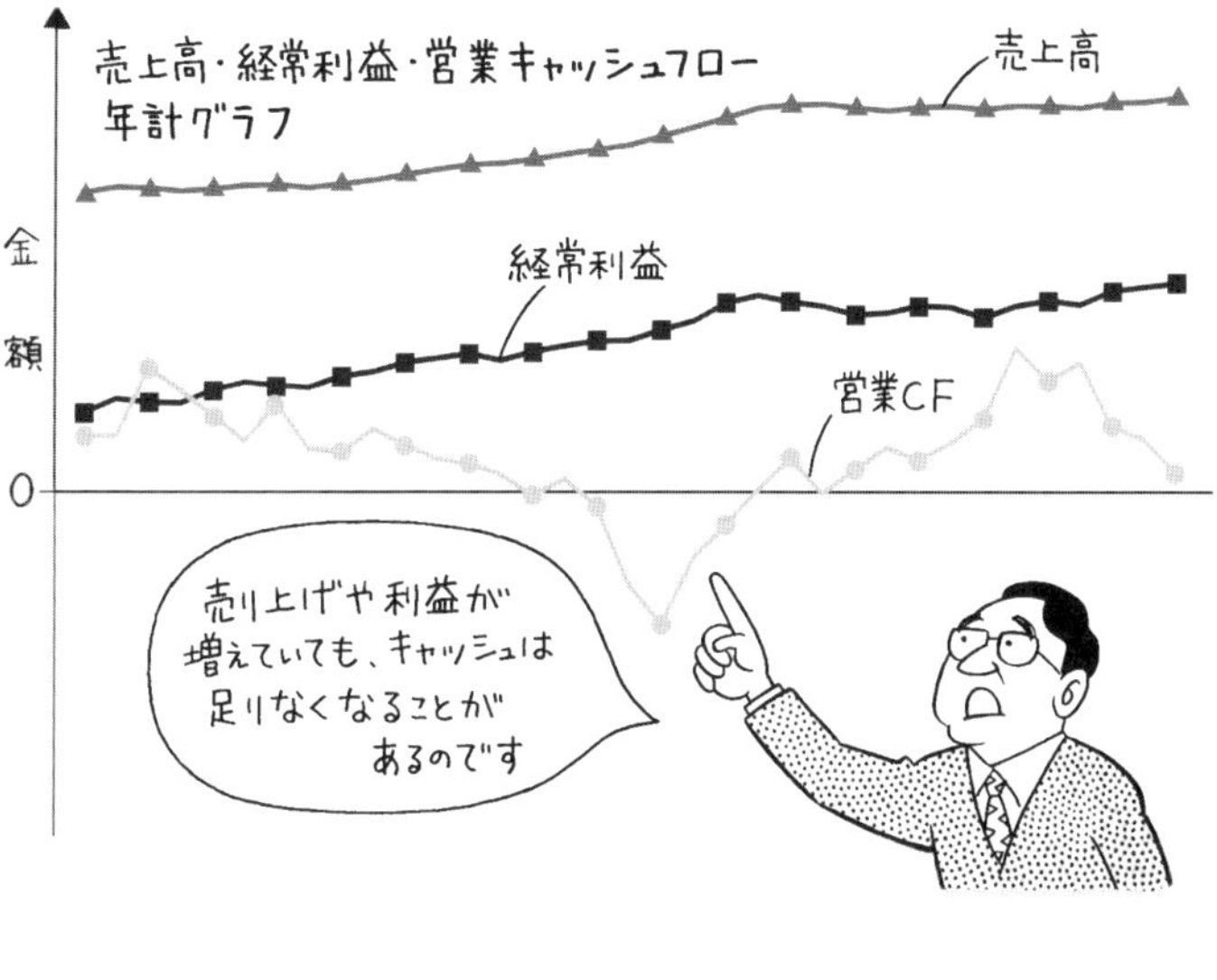

製造業・卸売業（特に輸入をしている会社）は逆になります。特に大幅に売り上げが増加する場合は、営業ＣＦは大きく下落します。

売上高、経常利益、営業ＣＦの年計グラフを比較すると、こうした資金ショートのリスクが高くなりそうな時期を見極められるようになります。

中小企業の経営者は月次Ｐ／Ｌ、月次Ｃ／Ｆからこの年計グラフをつくり、毎月チェックすることで経営の状態とお金の動きを把握すべきです。つまり、事業の流れ、近未来を読むのです。月次で経営の数字を見ることはとても重要ですが、単月の数字を見ているだけでは、先読みができません。それでは経営者としての仕事ができているとは言えません。古田土会計では、こうした考え方を口が酸っぱくなるほど指導しています。

おわりに

経営で大事なことは「誰のために、何のために」会社があるのか、すなわち経営の目的です。経営の目的は「経営理念」で表現されます。しかし多くの中小企業では経営理念を作成していません。

稲盛和夫氏の言葉に「ベクトルを合わせる。全社員の力が同じ方向に結集したとき、何倍もの力となって驚くような成果が生まれる」とあります。合わせるベクトルがなければ、経営者は人件費をコストと考える利益中心主義の経営になり、社員は自己中心的になりお客様をだましても成果を得ようとします。反対に、経営者が人件費を目的と考え、「社員の給与・賞与を上げるために、これだけの利益と売り上げが必要です。だから、社員の皆さん協力してください」と言えば社員は喜んで協力してくれます。

経営者の考え方で経営の結果と、社員と家族の人生が変わります。

会社が財務を強化する目的は、B／S、P／L、キャッシュフローの内容を良くすることではありません。これは手段です。目的は経営理念の実現にあります。社員のモチベーションを上げる経営理念で必ず入れてほしいのは「社員の幸せ」と「社会貢献」です。具体的には、一般社団法人 人を大切にする経営学会の「日本でいちばん大切にしたい会社」大賞の受賞企業として知られる伊那食品工業(株)が掲げられている「社員の幸せを通して社会に貢献する」という言葉です。

私たち古田土会計グループは「日本中の中小企業を元気にし、その社員と家族を幸せにする」という使命感を掲げ、「志」を実現するための道具として「古田土式月次決算書」と「人を大切にする経営計画書」「社長の成績表」という商品を開発しました。

本書でご紹介した内容は、古田土会計グループの社員が日々道具として使い、毎月お客様に説明し喜んでいただいているこれらの商品のノウハウを分かりやすく解説した実践的なものです。リスクにびくともしない財務体質と高収益体質を構築するための方法論が満載となっています。ぜひ身に付けていただき、「社員の幸せ」を実現し、社会に貢献する会社をつくっていただきたいと思います。

私たちは、一般の会計事務所の形態である税務顧問契約とは違う、財務顧問(セカンドオピニオン契約)という業界で新しい市場を作りました。今の税理士との税務顧問契約はそのままで、私たちが「古田土式月次決算書」や「人を大切にする経営計画書」で財務や経営指導をするという契約形態です。「どうしたらお客様が良くなるか」を考え続けてこの形が生まれ、お客様にとても喜ばれています。そして、その結果、ここ7年連続で「日本でいちばん大切にしたい会社」大賞に弊社の顧問先から1~2社のお客様が受賞しています。私が推薦文を書かせてもらい、今年は4社がチャレンジします。

古田土会計は社員数360名、グループ会社全体では450名の規模になりました。新型コロナがあった2020年以外は創業以来、毎年増収を続けています。赤字は一度もありません。今年は過去最高の売上高と経常利益で損益分岐点比率は85%になります。完全無借金で自己資本比率は常に90%以上は確保しています。預金と金融資産(主に保険積立金)で総資産の70%あります。経理の内容も全社員にすべて公開しています。お客様に指導する前に、まずは私たち自身がお手本となるよう、良い業績、良い財務体質をつくることを実践しています。

良い財務体質をつくり、資金を十分に持つ理由は本書にも書いた通り、社員と家族を守るためです。弊社の経営計画書にも「資金(利益)を蓄積することによって、業務停止による大幅な売上減少による大赤字、ミスによる多大な損害賠償、コロナ等の災害等から社員と家族を守ります。実質1人当たり1000万円の純資産(30億円)と1年分の固定費を、預金及び金融資産で持つ会社にします」と書いて全社員で共有しています。

私個人としては、今年の5月14日に経済産業省の推薦により勲章（旭日単光章）と勲記を授与され、皇居において天皇陛下に拝謁が許されました。これは本書でご紹介してきた独自の「月次決算書」と「人を大切にする経営計画書」で中小企業を支援してきたことが、世のため、人のため、社会に貢献したと認められたからと考えています。

最後に、この本が出版できたのは古田土会計グループの現代表である鈴木知朗税理士が中心となって、社員をまとめ実践してくれて成果を出し続けてくれているおかげです。社員の皆様に深く感謝します。そして、本書を読んだ経営者の方々が社会に貢献するすばらしい会社をつくってくださることを祈り筆を置きます。

2024年11月 吉日　古田土 満

「古田土式・月次決算書」の
サンプルのダウンロードは
こちらから

PQ 売上高

- 粗利益率の高い業種は**Q**（数量）アップ戦略、粗利益率の低い業種は**P**（単価）アップ戦略
- 値決めは経営、トップが決める。コストの積み上げではなく商品の価値で値付けをすべき
- 理想の値段とは「お客様が許してくれる範囲」での最高の値段
- 現在の客数＝（既存客数－脱落数－スリープ）×リピート率＋新規客数
  ※新規客ではなくリピート率が重要
- 売りたい商品を売る。商品別販売計画を作る
- 売上が10%減少したとは**P**が10%下落したのか、**Q**が10%下落したかにより**G**が大きく変わる

VQ 変動費

- 数量比例性のあるもの（仕入・材料費・外注費）

MQ 粗利益額

- 粗利益率を上げるのではなく粗利益額を稼ぐことが目的
- 売上が増えなくても粗利益率の高い商品を売れば、粗利益率が上がり粗利益額が増える
- 売上高や粗利益率が１%増減すると、粗利益額や経常利益はいくら、何%増減するのかを理解する（増分原価計算）

> 経営安全率　…　**G ÷ MQ**　売上必要倍率　…　**▲G ÷ MQ**
> 経営安全率の意味は、あとどのくらいの「売上高」の減少に耐えられるかではなく、
> あとどのくらいの「販売数量」の減少に耐えられるかである

F 固定費

- コストではなく投資費用。固定費というパワーを活かしきる。固定費が粗利を作り利益を生む
- 粗利益額より固定費を見ると「分配」だが、固定費から粗利益額を見ると「生産性」になる
- 未来費用とは戦略費、広告、教育、研究開発費。経営には積極的・強気な仕掛けが常に必要
- 人件費はコストではなく目的です。人を活かし粗利益額を稼ぎ労働生産性を高め、給料を上げる

> 労働分配率…人件費÷**MQ**
> 労働分配率は、粗利益額の一定割合に人件費を抑え込む「賃金の生産性」の指標を表しているのではない。事業経営そのものの効率を社長に教えてくれるものである
>
> 労働生産性…**MQ**÷人件費（平均社員数・労働時間）　経営者が人を活かしきっているか

G 経常利益

- 利益とは「社員と家族を守るためのコスト」であり、「会社存続のための事業存続費」である
  会社存続のために絶対に必要なものは、売上でもなく粗利益額でもなく利益です。
  この利益は会社が稼げる利益ではなく、稼がなければならない利益である
- 利益は全社員の創造性の総和。社員の創造性が一番大事

損益分岐点比率	評価		事業競争力
60%未満	SS	超優良企業	安定成長のために積極的に未来費用をかけることを検討しましょう
60%～80%	S	優良企業	抜群の競争力がある　80%以下が理想的な数値です
81%～90%	A	健全企業	優秀な競争力がある　90%以下がまずは目指すべき目標です
91%～100%	B	損益分岐点企業	普通の競争力がある　全く油断不可
101%～200%	C	赤字企業	事業承継に問題あり　未来が危ない
200%以上	D	倒産企業	社長交代

巻末資料 ❶

未来会計図表 （変動P/L）

どこに手を打てば利益がでるか？　未来会計図表は利益計画と一体となって活用する

当月　単位：百万円

① 売上高（PQ）
[ ]
計画値
[　　　]

⑤ 変動費率
VQ÷PQ
%

② 変動費（VQ）
[ ]

③ 粗利益額（MQ）
[ ]
計画値
[　　　]

④ 粗利益率
MQ÷PQ
%

何日でＦを
回収できるか
[　　　]日

⑥ 固定費（F）
[ ]
計画値
[　　　]

⑧損益分岐点
比率
F÷MQ
%

⑩ 人件費
⑪ 労働生産性　倍
⑫ 労働分配率　%

⑦ 経常利益（G）
[ ]
計画値
[　　　]

⑨経営安全率
G÷MQ
%

P (Price)	単価
Q (Quantity)	数量（客数）
M (Margin)	付加価値単価
V (Variable cost)	変動単価
F (Fixed cost)	固定費
G (Gain)	経常利益

利益感度分析

	P 商品力	Q 営業力	V 交渉力 技術力	F パワー
感度比率				
感度順位				
やさしい順				

累計(期首～当月)　単位：千円

売上高（PQ）
535,405
計画値
[　　　]

変動費率
VQ÷PQ
39.8 %

変動費（VQ）
212,832

粗利益額（MQ）
322,573
計画値
[　　　]

粗利益率
MQ÷PQ
60.2 %

損益分岐点
比率
F÷MQ
89.8 %

生産性
MQ÷F
1.11 倍

固定費（F）
289,551
計画値
[　　　]

人件費	181,955
労働生産性	1.77 倍
労働分配率	56.4 %
未来費用	560

経常利益（G）
33,022
計画値
[　　　]

売上高経常利益率　G÷PQ　6.2 %

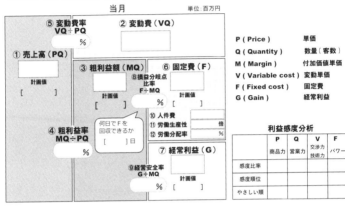

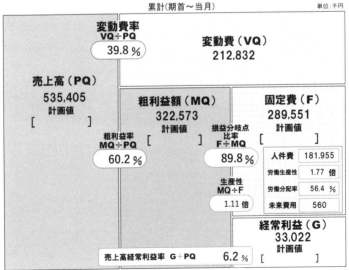

自 2023年04月01日　至 2024年01月31日
単位:千円

8月	9月	10月	11月	12月	1月	2月	3月	実績累計
38,473	63,848	57,706	53,202	79,510	37,368			535,405
38,473	63,848	57,706	53,202	79,510	37,368			535,405
43,442	54,493	53,273	45,548	50,489	30,819	69,216	61,581	445,926
11,139	14,711	11,362	17,097	11,902	10,754			118,042
5,886	10,827	7,668	10,338	14,483	9,198			94,790
17,025	25,538	19,030	27,435	26,385	19,952			212,832
21,448	38,310	38,676	25,767	53,125	17,416			322,573
55.7%	60.0%	67.0%	48.4%	66.8%	46.6%			60.2%
23,318	36,288	34,025	29,175	30,497	15,536	46,684	37,792	280,365
4,000	4,000	4,000	4,000	4,000	4,000			39,900
10,164	10,385	9,679	9,763	10,222	9,600			100,410
1,500	1,500	1,500	1,500	1,500	1,500			15,000
2,190	2,235	2,196	3,084	2,218	2,175			22,594
600	274	546	592	237	386			4,052
18,455	18,394	17,921	18,940	18,177	17,661			181,955
17,682	17,586	18,097	19,147	18,194	17,532	17,856	14,518	176,533
999	999	999	1,133	999	999			10,259
1,251	1,236	975	1,102	1,129	787			11,051
3,954	3,954	3,954	3,954	3,954	3,954			38,550
221	1,396	450	521	221	221			4,044
27	27	41	83	27	30			484
720				15	859			1,730
1,019	1,326	1,312	1,956	1,317	841			11,970
18	552	20		552				1,871
240	27	40	20					510
		14	10					76
96	250	113	165	123	97			1,429
68	68	168	66	63	72			797
243	213	224	214	227	221			2,256
4	5	36	48	14	69			311
114	100	180	100	100	148			1,715
776	866	952	850	879	975			8,248
								50
456	474	498	439	516	677			4,972
850	569	472	1,719	726	610			9,229
11,053	12,061	10,448	12,379	10,859	10,560			109,551
29,508	30,456	28,369	31,319	29,036	28,221			291,506
▲8,060	7,855	10,307	▲5,552	24,089	▲10,805			31,068
277	56	569	65	1,151	404			4,346
284	265	253	268	250	235			2,391
29,515	30,664	28,053	31,522	28,135	28,052			289,551
▲8,067	7,646	10,623	▲5,756	24,990	▲10,636			33,022
▲601	4,012	5,728	1,289	5,230	▲9,597	20,708	8,033	20,529

巻末資料❷

月次推移 変動損益計算書

区分	勘定科目	月平均 前々期	月平均 前期	月平均 当期	4月	5月	6月	7月
経常損益／粗利益／売上高	売上高	40,399	44,593	53,541	53,799	39,368	52,659	59,472
	売上高計	40,399	44,593	53,541	53,799	39,368	52,659	59,472
	前期売上高計				51,535	38,602	41,107	36,618
変動費	期首棚卸高							
	期首材料棚卸高							
	材料仕入高	9,401	9,471	11,804	11,664	8,280	11,529	9,603
	外注加工費	6,021	7,085	9,479	10,877	8,466	7,393	9,654
	期首仕掛品							
	その他変動費							
	期末棚卸高							
	変動費計	15,422	16,556	21,283	22,541	16,746	18,922	19,257
	粗利益	24,977	28,037	32,257	31,257	22,622	33,737	40,215
	（粗利益率）	61.8%	62.9%	60.2%	58.1%	57.5%	64.1%	67.6%
	前期粗利益				33,400	25,249	27,838	25,039
固定費／販売費及び一般管理費／人件費	役員報酬	3,740	3,890	3,990	3,950	3,950	4,000	4,000
	給料手当	9,638	9,875	10,041	10,046	9,986	10,330	10,234
	従業員賞与	1,200	1,320	1,500	1,500	1,500	1,500	1,500
	法定福利費	2,118	2,241	2,259	2,079	2,005	2,234	2,177
	福利厚生費	307	327	405	282	266	426	443
	人件費計	17,002	17,653	18,196	17,857	17,707	18,489	18,353
	前期人件費計				16,860	16,386	17,301	17,747
人件費以外の販管費	地代家賃	541	779	1,026	999	999	999	1,133
	発送配達費	804	1,055	1,105	1,242	754	1,195	1,380
	減価償却費	2,451	2,354	3,855	2,968	3,954	3,954	3,954
	賃借料	466	403	404	356	219	221	221
	保険料	82	78	48	131	27	65	27
	修繕費（建物）	179	433	173	91			45
	消耗品費	859	1,028	1,197	1,219	1,054	761	1,166
	租税公課	181	120	187	5	25	696	2
	広告宣伝費	36	0	51			50	133
	諸会費	19	7	8		33	18	
	会議費	1	3					
	雑費	103	166	143	136	177	179	93
	車両費	75	87	80	90	57	58	88
	通信交通費	199	215	226	229	212	211	261
	接待交際費	15	28	31	10	74	49	2
	管理諸費	198	161	171	182	400	100	293
	新聞図書費	7	1					
	寄付金	0	0					
	水道光熱費	597	625	825	847	715	641	747
	貸倒引当金繰入							
	教育訓練費		29	5	50			
	旅費交通費	366	309	497	365	447	459	640
	その他一般管理費	831	717	923	1,649	895	1,273	467
	人件費以外の販管費計	8,010	8,600	10,955	10,570	10,042	10,929	10,649
	一般管理費計	25,013	26,253	29,151	28,427	27,749	29,418	29,003
	営業損益	▲36	1,783	3,107	2,830	▲5,128	4,319	11,213
	営業外収益合計	664	484	435	625	88	1,048	63
	営業外費用合計	242	214	239	177	199	192	268
	固定費計	24,590	25,984	28,955	27,979	27,860	28,562	29,208
	経常損益	387	2,053	3,302	3,278	▲5,238	5,175	11,008
	前期経常損益				9,330	1,441	4,272	▲575

投資活動によるキャッシュフロー

有価証券の購入及び売却	0.0	（購入＝▲，売却＝＋）
有形固定資産の購入及び売却等	▲70.0	（購入＝▲，売却＝＋）
保険積立金の購入及び解約等	0.0	（購入＝▲，解約＝＋）
その他の増減（補助金収入 他）	▲0.1	（増＝▲，減＝＋）
投資活動に使用した純キャッシュ	▲70.1	②

フリーキャッシュフロー（純現金収支）①＋②　▲4.1　③

フリーキャッシュフローは「現金の出入りで見た純粋な儲け」
赤字なら有利子負債を増やさなければならない
『勘定合って銭足らず』になっていませんか？

財務活動によるキャッシュフロー

割引手形の増減	0.0	（増＝＋，減＝▲）
短期借入金の増減	0.0	（増＝＋，減＝▲）
長期借入金の増加	227.9	（借入増加＝＋）
長期借入金の返済	▲102.3	（借入返済＝▲）
役員借入金等の増減	0.0	（増＝＋，減＝▲）
配当金他利益処分・資本等の増減	0.0	（増＝＋，減＝▲）
その他固定負債の増減	0.0	（増＝＋，減＝▲）
貸付金の増減	0.0	（増＝▲，減＝＋）
その他の増減	0.0	（増＝▲，減＝＋）
財務活動に使用した純キャッシュ	125.5	④

今期の現預金の増減額　③＋④　121.4

ダム式経営とは、『お金のことを心配して走り回っていたのでは良い仕事ができないから
お金をしっかり貯めなさい』ということ

期首の現預金残高	454.8
期末の現預金残高	576.2

巻末資料❸

キャッシュフロー計算書（累計）

キャッシュフローを理解する目的は、『お金の残し方』を学ぶこと、
今期儲けた利益は何処へ消えたか？ 今期の利益とお金の違いを知ることである

利益は会計方針の違いで変わるが、キャッシュフローは企業の真の実力を常に表す

自 2023年04月01日　至 2024年01月31日　　単位：百万円

営業活動によるキャッシュフロー			
当期純損益金額			34.1
減価償却累計額	38.6		
賞与引当金	8.4		
年払引当金等	1.8		
固定資産売却・除却損益等	▲10.0		
その他（貸倒損失・有価証券売却損益等）	0.0		
純キャッシュへの調整額合計			38.8
受取手形＋売掛金の増減	23.9	（増＝▲、減＝＋）	
前受金等の増減	0.0	（増＝＋、減＝▲）	
支払手形＋買掛金の増減	▲13.5	（増＝＋、減＝▲）	
前渡金等の増減	0.0	（増＝▲、減＝＋）	
棚卸資産の増減	0.0	（増＝▲、減＝＋）	
裏書手形の増減	0.0	（増＝＋、減＝▲）	
販売仕入活動による増減額合計			10.4
未払金＋未払費用の増減	▲4.1	（増＝＋、減＝▲）	
未払法人税等の増減	▲18.9	（増＝＋、減＝▲）	
未払消費税の増減	▲6.8	（増＝＋、減＝▲）	
仮受消費税－仮払消費税	12.6	（仮受の方が多いと＋）	
その他資産の増減	0.4	（増＝▲、減＝＋）	
その他負債の増減	▲0.5	（増＝＋、減＝▲）	
その他資産負債の増減額合計			▲17.3
営業活動により調達した純キャッシュ			66.0 ①

「利益」を「お金」に近づける努力をする

税理士法人 古田土会計 代表社員／公認会計士・税理士
古田土 満（こだと・みつる）

1952年生まれ。83年、東京・江戸川で古田土公認会計士税理士事務所（現古田土会計）を開業。「古田土式月次決算書」「人を大切にする経営計画書」を武器に、経営指導と会計指導を両展開。4000社の中小企業を顧客に抱える。令和6年度春の叙勲において旭日単光章を受章

税理士法人 古田土会計 取締役／税理士
川名 徹（かわな・とおる）

京セラ株式会社で営業・マーケティングを経験後、2006年に古田土会計グループに入社。現在、経営者向けの財務コンサル、セミナー講師の他、中小企業向けの「社長の数字力養成講座」の運営を行っている

B/S、P/Lを知らない社長と幹部が会社を潰す!?

中小企業の財務の強化書

2024年12月 2日　初版第1刷発行
2025年 3月26日　初版第4刷発行

著者　古田土 満
　　　川名 徹
発行者　松井 健
発行　株式会社日経BP
発売　株式会社日経BPマーケティング
　　　〒105-8308　東京都港区虎ノ門4-3-12
編集　秋山 知子（日経トップリーダー）
編集協力　谷生 聡
イラスト　高田 真弓
装丁・本文デザイン　高橋 一恵（エステム）
校正　円水社
印刷・製本　TOPPANクロレ株式会社

本書に関するお問い合わせ、ご連絡は下記にて承ります。
https://nkbp.jp/booksQA

ISBN978-4-296-20659-9